K-방산의 경쟁자

일본

K-방산의 경쟁자 일본

ⓒ 김성학, 2025

초판 1쇄 발행 2025년 1월 20일

지은이   김성학
펴낸이   이기봉
편집   좋은땅 편집팀
펴낸곳   도서출판 좋은땅
주소   서울특별시 마포구 양화로12길 26 지월드빌딩 (서교동 395-7)
전화   02)374-8616~7
팩스   02)374-8614
이메일   gworldbook@naver.com
홈페이지   www.g-world.co.kr

ISBN   979-11-388-3942-6 (03900)

글로벌시대 상생을 위한 한일 방산 협력과 경쟁

K-방산의 경쟁자
일본

김성학 지음

좋은땅

책을 내면서

2018년 촉발된 미중 간의 무역분쟁은 전략적 경쟁에 의한 탈냉전 시대를 도래하게 하였고 세계 곳곳에서 분쟁의 도화선이 되고 있다. 이러한 미중 패권경쟁은 중국의 G2 부상과 함께 트럼프시대 미국의 자국 우선주의 전략으로 인해 안보, 경제, 기술, 체계와 가치 등 다양한 영역에서 치열한 경쟁과 갈등을 유발하였고 동아시아에서도 안보 불확실성이 증대되고 있다. 중국의 경제력이 신장되면서 일대일로 정책과 연계한 군사력 증강과 현대화는 동아시아 국가 간 안보갈등을 유발시키면서 군비경쟁을 가속화시켰고 강대국으로써의 부활을 꿈꾸는 러시아는 중국과의 군사적 연대를 강화하면서 우크라이나와의 전쟁을 지속하고 있다.

일본도 변화하는 국제정세에 대응하기 위해 전쟁 가능한 보통국가로의 변화를 위한 평화헌법 개정과 반격능력(적 기지 공격)을 포함한 군사력 증강에 힘을 기울이고 있으며 2014년 각의 결정을 통해 기존의 '무기수출 3원칙'을 폐지하고 '방위장비 이전 3원칙'을 공표하였다. 이로써 일본의 무기체계에 대한 수출과 개발에 정책적 제약이 없어졌으며 2023년 이후에는 운용지침 개정을 통해 미국을 비롯한 전통적인 우방국과 방산 공동생산 등 기술협력은 물론, 동남아 국가에 함정 무상제공 등을 통한 방산수출을 시도하고 있다. 일본의 방위산업은 새로운 전장에 필요한 첨단기술을 바탕으로 개발, 생산, 조달을 안정적으로 확보하고 나아가 방산수출을 도모하고 있다. 즉, 방위산업의 생산기반을 강화하여 기업의 이윤확보와 방위산업 공급망을 확대하고 과학기술을 조기에 방산 장비화하기 위해 국제공동개발, 민간 첨단기술 도입과 더불어 이를 뒷받침하는 법적 제도의 개정 등 여건을 조성해 나가고 있다.

우리 정부도 방위산업을 자주국방의 핵심기반으로 국가안보의 중심이자 일자리 창출의 기회를 제공하는 주요 산업으로 정의하고 다양한 분야에서 방산 진흥정책을 추진하고 있다. 또한, 국방과 관련된 기관·단체 및 산업체들은 하나의 유기체와 같이 정보를 공유하고 우수한 무기체계 연구 개발은 물론, 선진기술을 보유한 여러 국가들과도 협력하고 있다. 이러한 노력의 결과, 최근 스톡홀름 국제평화연구소(SIPRI)의 국제무기거래 동향에서 2018년에서 2022년까지 한국의 무기시장 점유율은 2.4%이며 방산수출 규모도 전년대비 74%나 증가하였다고 발표하였다. 또한, 2022년 국방백서에 따르면, 방산수출 실적은 173억 달러(수주 기준 380억 달러)로 세계 9위 수출국가이며 2027년 세계 4대 방산국가로의 도약을 목표로 하고 있다.

하지만, 가장 가까운 이웃 국가인 일본과는 이렇다 할 방산협력이 이루어지지 못하고 있으며, 방산협력을 하고 싶어도 관련 정보가 거의 전무한 것이 현실이다. 몇년 전 국방부(정보본부)와 방산진흥회가 공동으로 기획한 방산업체의 설명회에 참가한 적이 있었다. 그 자리에서 일본과의 방산협력과 수출을 희망하는 우리 방산업체가 많다는 것을 알게 되었다. 이제 가까운 미래에 일본은 세계 방산시장에서 다양한 성과를 낼 것으로 예상되며 협력자이면서 강력한 경쟁자로 떠오를 것이다. '知彼知己면 百戰不殆'라는 명언이 있듯이 일본의 방위정책과 방산실태를 알아야 협력도 견제도 가능한 일이기에 일본의 방위정책과 자위대의 변화를 인식하고 방산정책과 기술동향을 이해할 기회를 제공하고자 이 책자를 발간하게 되었다.

본 책자의 구성은 다음과 같다. 제1부 제1장과 제2장에서는 일본의 방위정책과 자위대의 변화, 제3장에서는 방산정책과 기술개발 동향, 그리고 마지막 제4장에서는 미래지향적 한일관계와 협력 방향을 기술하였다. 또한, 제2부에는 2024년 기준, 일본 방산진흥회에 등록된 137개 업체를 총망라하여 어느 기업이 어떤 방위장비품을 생산하고 있는지를 소개하였다. 이를 통해 일본 방위산업체의 현황을 파악하고 국가 차원의 방산정책과 기술수준은 어느 정도인지를 개략적으로나마 이해할 수 있을 것이다. 또한, 미래 우리 기관·업체들이 일본 업체와 협력을 모색할 때 실무진이 활용할 수 있도록 구체적인 기업정보도 수록하였다.

끝으로, 본 책자를 통해 일본의 방위정책과 자위대의 변화, 그리고 방위산업 전반에 대한 이해의 폭을 넓힘으로써 미래 일본과의 협력과 견제의 두 마리 토끼를 잡는 데 기여하고 나아가 일본뿐만 아니라 다른 선진국의 방위산업 동향에도 관심을 갖는 기회로 삼아 우리의 K-방위산업이 세계적 브랜드로 발돋움하는 데 조금이나마 도움이 되길 바라며 본 책자를 작성하기 위한 자료수집과 편집에 도움을 주신 모든 분들께 감사드린다.

2024년 12월

김 성 학

추천의 글

K-방산의 경쟁자로 급부상하는 일본

대한민국은 "K-방산"이라는 말이 나타내주듯이 세계적인 방위산업 역량을 구가하고 있다. 전쟁을 겪었고 자주적 국방역량이 턱없이 부족하여 미국과의 동맹에 안보를 크게 의존해왔을 뿐만 아니라 그에 연동되어 미국으로부터 천문학적 규모의 무기를 수입해온 한국으로서 세계적 방위산업을 발전시켰다는 사실은 그저 놀라운 일이다.

우리는 지나친 안보 의존을 극복하기 위해 자주국방이라는 기치를 내걸고 혼신의 노력을 기울인 나머지 막강한 방산 역량을 갖추게 된 것이다. K-방산의 기치 아래 투자를 아끼지 않았으며, 수출시장을 확대하는 정책적 노력을 기울인 나머지 2024년 한 해 150억 달러를 넘는 실적을 올린 바 있다. 2027년까지 세계 4대 강국을 목표로 방산 역량을 키워나가고 있다.

어느 산업 분야와 마찬가지로 세계 방산시장 역시 경쟁이 치열하다. K-방산은 도처에서 경쟁을 마주하고 있는데, 이웃 일본의 급부상을 주목하지 않으면 안되는 상황에 이르렀다. 일본은 태평양전쟁 패전 이후 평화헌법 아래 방산수출에 근본적인 제약이 있었다. 그러나 지난 수년에 걸쳐 평화헌법이 무색할 지경의 보통국가화가 괄목할 만하게 진전되었다. 그 결과 아베내각 초기인 2014년, 무기와 관련 기술 수출을 원천 금지한 무기수출 3원칙을 사실상 대체하는 '방위장비이전 3원칙'을 통과시켰다. 이로써 일본은 무기 수출의 길을 열게 되었던 것이다.

일본은 전통적으로 막강한 소재 부품 장비 산업의 기술적 우위로 무장하여 방위산업을 발전시켰다. 게다가 세계수출시장에서의 맹활약을 통해 한국과의 경쟁에서 우위를 보이는 사례가 늘어나고 있다. 최근에는 호주정부가 발주한 10조원 규모의 호위함 수주전에서도 한국의 조선업체들을 물리치고 독일과 우선협상 대상국이 되기에 이르렀다. 향후 세계방산시장에서 일본과 한국이 치열한 경쟁을 예고하는 단적인 사례가 되고도 남는다. 미래 세계 방산시장은 함정, 항공기, 유도무기 등 전통적인 무기체계를 넘어 무인체계, 유무인 복합체계를 포함하여 로봇, AI, 우주, 유지·보수·정비(MRO)사업과 아웃소싱 등 새로운 영역으로 확대되어 가고 있다. 이같은 영역에서 한일간의 경쟁은 불가피할 것이며, 방산수출을 확대해온 K-방산 업체들에게는 심각한 도전이 아닐 수 없다.

"지피지기는 백전백승"이라는 병가의 말이 있다. 우리는 K-방산에 가해오는 일본의 도전에 제대로 대응하기 위해서 일본의 방산을 제대로 알아야 한다. 그래야 경쟁도 벌이는 한편, 한일간 방산협력의 가능성도 모색해볼 수 있을 것이다. 이 책의 저자는 이같은 문제의식을 갖고 일본의 방위정책과 방위산업에 관심을 가져왔다. 도쿄에서의 한국대사관 무관으로 근무한 경험이 중요한 하나의 자극제가 되었다고 믿는다. 일본 방산 기업체들을 일목요연하게 자료화한 것은 우리 정부 부처나 기관, 그리고 방산기업들에게 참고가 될 것이다.

이 책의 저자인 김성학제독은 해군사관학교 45기생으로 주일본 국방무관으로 한국대사관에 근무할 때 나와 많은 대화를 나누었다. 삼면이 바다이고 반도인 한국으로서는 해군력의 증강이 중요하다는 데 의기투합하였다. 특히 김제독은 끊임없이 공부하는 자세를 갖고 매사에 임했던 기억이 새롭다. 귀국 후 1함대사령관, 항공사령관, 교육사령관 등의 보직을 역임하면서도 공부를 놓지 않아 안보전문가로 발돋움하였다. 아무쪼록 이 책이 일본의 방위정책 변화와 방위산업의 현 상황을 이해하고 미래지향적인 관점에서 일본과의 경쟁과 협력을 통해 K-방산의 지속적인 성장과 발전에 도움이 되길 기대한다.

前 주일대사 이수훈

차 례

제1부 일본의 방위정책 변화와 방산 협력

제 1 부

일본의 방위정책 변화와 방산 협력

제1장

들어가며

　최근 미중 패권경쟁이 가속화되면서 전 세계는 신냉전 체제로 급격히 회귀하는 듯한 안보환경에 직면하고 있으며 각국은 국익을 위해 전략적 변화에 계산기를 두드리고 있는 형국이다. 이러한 역내 환경 변화는 중국의 G2 부상과 함께 미국의 자국 우선주의 전략으로 인해 동아시아 안보 불확실성이 증대되면서 시작되었다 해도 과언이 아닐 것이다. 중국의 경제력이 신장되면서 일대일로 정책과 연계한 군사력 증강과 현대화는 미중 갈등과 함께 동아시아 국가 간 안보갈등을 유발하면서 군비경쟁을 가속화하고 있다. 또한, 러시아는 중국과의 군사적 연대를 강화하면서 우크라이나와의 전쟁을 지속하고 있다. 일본도 변화하는 국제정세에 대응하기 위해 전쟁 가능한 보통국가로의 변화를 추진하는 한편, 적 기지 공격능력을 포함한 군사력 증강에 힘을 기울이고 있다. 이러한 동아시아의 안보환경 변화는 남중국해-동중국해를 넘어 동해-알류샨 열도까지 지정학적 경쟁을 가속화시키며 동아시아 각국의 이해와 역학구도가 시시각각으로 변화하고 있다.

미일 연합해상훈련

　이러한 동아시아의 전략적 환경 변화로 인해 미국은 인도-태평양전략 구상 실현을 위해 호주, 일본, 인도와 쿼드(QUAD)라는 안보체계를 구축하여 전략적 협력을 강화하는 한편, 영국-호주와 오커스(AUKUS)라는 정보 협력체를 구성하여 기존 북한 불법 환적 감시작전을 매개로 5Eyes(미국, 영국, 호주, 캐나다, 뉴질랜드) 국가와 영향력을 키워 나가고 있다. 또한, 미국은 인도-태평양 지역으로의 전력운영을 확대하면서 남중국해, 대만해협 등에서 자유의 항행작전을 지속 시행하며 대중국 압박전략과 동아시아의 영향력을 유지해 나가고 있다. 한편, 중국은 러시아와 지속적인 안보협력과 연합훈련을 통해 미국의 군사전략에 대응하면서 2024년 국방비 지출에 지난해 대비 7.2%가 증액된 1조 6655억 위안(약 308조 원)을 배정하였으며, 2035년까지 중국군의 현대화를 마무리하고 2049년에 세계 일류급 군대로 만들겠다는 강군몽(强軍夢)을 주창하며 군사력을 강화하고 있어 동아시아 지역의 불안정성이 심화되고 있다.

윤 대통령과 기시다 총리의 일 의장대 사열

한편, 한반도에서는 북한의 비핵화를 위한 북미·남북 간 정상회담에도 불구하고 돌파구 마련이 되지 않은 가운데 지속적인 북한의 핵 개발과 탄도미사일의 발사 등 미사일 고도화에 대한 대응환경이 악화되면서 불안정한 안보상황과 불확실성이 증가되고 있으며, 복잡한 이해관계 속에서 안보전략 구상의 어려움이 상존하고 있다.

이는 우리의 현실과 미래에 불확실성과 불안요인으로 작용하고 있으며 우리의 의지보다 주변 여건과 환경에 휩쓸릴 우려가 증가되고 있다. 또한, 대북 정책 등 획기적 변화가 없는 한반도 평화구상의 한계가 노정되고 북핵 문제 해결의 실마리가 보이지 않는 상황에서 강대국에 의한 전략적 선택 강요에 직면할 가능성도 배제할 수 없다.

그렇다면, 우리는 어떻게 우리의 안보를 지켜 나갈 것인가 하는 현실적인 문제에 봉착할 수밖에 없다. 급변하는 국제정세와 자국 이기주의, 주변국의 군사력 증강 등의 난관 속에서 한정된 자원을 효율적으로 운영하며 미래 대한민국의 번영과 평화를 어떻게 만들어 나갈 것인가 하는 문제는 생존의 문제이기도 하다. 이러한 절박한 상황에서 미래 국방운영 환경 변화를 예측하고 끊임없는 대안을 마련하는 것이 무엇보다 중요한 과업임이 틀림없다. 그럼에도 한국사회는 다양한 의견과 투명성이 무엇보다 강조되면서 보수와 진보의 갈등, 방위산업 등 국방운영의 효율화 요구, 저출산·고령화시대 진입에 따른 병역제도 등 다양한 분야의 문제와 한계에 직면하고 있어 급속한 안보환경 변화에 부응하는 데 다수 어려움이 노출되고 있는 실정이다.

이러한 세계적 안보환경의 변화와 시대적 요구 상황하에서 주변국인 일본은 과연 어떻게 대응하고 있는지 살펴볼 필요가 있다. 일본은 태평양전쟁 패전 이후 정식군대를 가질 수 없는 국가로 자위대를 보유하고 있으며 미국의 통제하에 육·해·공 자위대 전력을 유지해 왔다. 그러나, 냉전시대를 거치고 안보환경이 변하면서 미국의 국익에 따라 미일동맹의 임무와 역할도 변화하고 있으며 특히, 최근 중국의 부상과 군사력의 비약적 신장은 동북아를 넘어 동아시아, 서태평양에서 미국이 도전을 받고 있고 일본 자위대의 역할도 미군을 지원하는 주도-지원의 관계를 넘어 더 많은 역할을 요구받고 있다. 이는 일본이 가고자 하는 전략적 방향과도 일치되면서 미일동맹을 기반으로 한 다차원 통합방위전략을 구상하고 실효적인 방위력을 구축하기 위해 자위대의 전력 증강을 추진하고 있으며 과거와 달리 비약적인 방위비 증액을 예고하고 있다.

이러한 일본 자위대의 전력증강은 인접한 우리에게도 부담이 되고 있으며 중국 등 주변국과의 역학구도 변화와 북한의 태도 변화 등의 관계 속에서 한·미·일 안보협력의 중요성도 점증될 것이다. 따라서, 일본 자위대의 변화에 대한 관심과 협력 방안 모색, 그리고 견제와 대응은 우리 안보와 직결된 현안이라 아니할 수 없을 것이다.

군사대국화를 꿈꾸는 일본

이러한 주변국의 군비증강, 한반도의 불안정성 증가 등 급변하는 안보상황 속에서 일본의 방위정책과 자위대의 변화를 분석하여 시사점을 도출하고 우리가 나아가야 할 외교 국방전략과 국익을 위한 혜안을 마련해야 할 것이다.

제2장

일본의 방위정책과 자위대 변화

다양한 위협대응 체계로 변화

일본 방위정책의 핵심은 미일동맹을 축으로 일본의 안전보장과 동아시아의 중심국가로서 영향력을 확보하는 것이다. 이를 위해 일본은 확고한 미일동맹하 안전보장을 협력하고 다국간 우방국과의 협력을 강화하고 있다. 앞에서 살펴본 바와 같이 급속한 안보환경 변화와 다양한 위협 대응을 위한 방위전략 변화를 모색하고 있다. 일본은 태평양전쟁 패전 이후 지금까지 끊임없이 주변국과의 영토 갈등을 부추기면서 안보상황을 관리하고 있다. 러시아와는 1854년부터 영유해 온 북방 영토(쿠릴열도 이투루프, 쿠나시르, 시코탄, 하보마이 등 4개 섬)이 패전 후 강화조약에 따라 구소련에 넘어가 실효 지배하고 있음에 따라 지속적으로 반환을 요구하고 있고, 센카쿠열도(중국명 다오이다오섬)를 실효 지배하고 있으나, 중국의 영유권 주장에 따라 갈등이 지속되고 있고 한국과도 독도를 분쟁지역화하려는 의도하에 지속적인 갈등을 유발하고 이를 통해 일본 내 극우세력을 결집하고 국민들에게 안보의식을 제고하는 수단으로 활용하며 이러한 갈등을 국내정치에 활용하고 있다.

요코스카 미카사함(도고 헤이아치로 제독의 기함)

일본은 전통적으로 구소련과의 갈등과 군사적 위협을 고려 북방 북해도(홋카이도)를 전략적 중심으로 주요 군사전력을 배치하였으나, 중국의 부상과 군사력이 급성장함에 따라 군사혁신과 병행하여 위협축을 서남방향으로 전환하여 큐슈 지방으로 전력을 재배치하여 도서방어와 탈환에 중점을 두는 군사전략을 시행하고 있다.

또한, 10년 주기로 발표하는 방위계획대강(防衛計劃大綱)과 5년 단위로 방위계획대강을 실현하기 위해 작성하는 31중기방(중기 방위력정비계획, 2019년~2023년)에서는 육·해·공 3차원에서 우주·사이버·전자파 등 신영역을 포함한 다차원 통합 방위력 구축을 통해 위협에 대응하고 이를 바탕으로 지속성·강인성을 확보하기 위해 방위력의 질과 양을 확충하겠다고 발표하였다. 그 내용의 특징을 살펴보면, 먼저 위협에 대응하는 방위력 정비로 우주·사이버·전자전 분야에서 대처능력 강화를 추진하고 있다. 이를 위해 먼저, 우주 영역에서는 전문부대를 신편하고 우주상황 감시(SSA) 시스템과 장치 등의 신규전력 도입을 추진하고 있다. 또한, 지휘통신시스템과 네트워크화, 전파정보수집기 등을 정비하여 자위대 전력 간 통합을 추진하고 있다. 또한, 수륙양용작전 능력을 강화하고 공대지/지대공/지대함미사일을 정비하여 장거리 타격능력과 적 기지 공격능력을 확보하고 레일건, 레이저포, AI, 무인기 등 첨단기술 분야에도 자원을 중점 배분하여 작전능력을 강화하겠다는 구상이다. 두 번째는 조기경계기(E-2D), 체공형무인기, 조기경보기(E-767) 및 레이더를 개발하고 미사일 전력화와 고속활공탄, 대함유도탄, 초음속유도탄을 연구·개발하는 등 선진무기체계를 도입하여 작전능력을 크게 향상시킨다는 계획이다. 세 번째는 도서방위 및 기지 방호대책을 강화하는 것으로 오키나와 근해 주요 도서에 지대함미사일, 경계감시부대 등을 배치하고 최신 스텔스 전투기(F-35A, STOVL기)의 지속 도입과 다기능 헬기탑재 호위함인 이즈모급 함정을 개조하여 항모화하는 것이다. 이러한 전력 증강은 동북아에 새로운 게임체인저가 될 것으로 일본 당국은 예상하고 있다.

육상자위대 수륙기동단 창설

또한, 외교안보전략은 동맹·우호국과의 연대를 통해 일본의 안전보장협력을 강화하는 것으로 미국의 확장억제전략의 실효성과 신뢰성을 향상시키기 위해 미일 안보협의와 연합훈련을 강화하고 호·인·영·불 등과도 연대하며 한·미·일 간 정보공유 및 안보대화를 추진하는 것이다. 이를 위해 일본은 5년간 방위비 27조 4천억 엔(약 274조 원)을 확보하고 방위산업의 경쟁력 강화와 세계수준의 무기개발, 정비기반에 필요한 정책 등을 적극 추진하고 자위대 내 기간(基幹)부대 창설과 정비는 다음 도표처럼 광범위하게 계획하여 추진할 예정이다.

구분	내용
우주·사이버·전자전(영역횡단작전)	• 우주 영역 전문부대 신규 편성 및 감시시스템 정비 • 사이버부대 신편 및 지휘통신 시스템 생존성 향상 • 통합막료감부에 전자파 전문부대 신설 및 관련 장비 정비 • 탄도미사일 방어부대 신편 및 지대공 유도탄부대 고사군 개편
육상자위대	• 스텐드오프 미사일 정비 및 다용도 헬기 도입 • 기동사여단 개편 및 수륙기동연대 신편 • 도서방어용 고속활공탄부대(탄도탄부대) 신편
해상자위대	• 신형호위함(FFM30), 잠수함 및 해상항공기(P-1 등) 지속 도입 • 이즈모급 호위함 개량 및 STOVL기 도입(4개 호위군 유지) • 호위함·초계함 부대 및 소해부대로 구성된 수상함정부대 신편
항공자위대	• 항공경계관제부대 28개로 개편, 1개 경계항공단 신편 • 공중급유·수송 1개 비행대 및 글로벌호크 부대 1개 신편

* 출처 : 2023년 일본 방위백서

이러한 일본의 방위정책 변화는 중국 해·공군의 급속한 팽창에 따른 주변 해공역에서의 위기감이 증가하는 안보상황 속에서 긴박함을 고려 방위계획대강을 10년→5년으로 단축 발표하고 매년 발간하는 방위백서에 위협국가를 중국-북한-러시아 순으로 재상정하면서 무역분쟁, 테러, 우주, 사이버 등 다양한 위협 증가에 대한 대응능력을 확충하고 내각부(NSS) 중심의 범정부적 협업과 총합적 대응을 추구하고 있다.

한편, 일본 정부는 2024년을 목표로 육상·해상·공중자위대의 부대운용을 일원화하는 통합사령부 창설을 추진하고 있다고 발표하였다. 통합사령부는 미군과의 일체성을 강화하기 위해 의사소통과 전략을 조율하며, 유사 시 미일 통합작전을 수행하는 부대로 통합막료장 예하에 통합사령관을 두되, 방위상 직속으로 부대운용 권한을 부여하는 체제로 운용될 예정이다. 특히, 통합사령부는 대만 유사 시 동중국해에서 주일미군을 포함한 작전계획을 수집하는 등 미일동맹의 억지력과 대응능력을 강화하는 부대가 될 전망이다.

일본을 포함한 동아시아 안보지형 변화는 우리에게 주는 시사점도 크다. 즉, 우리도 다양한 위협 증가에 대응 가능한 새로운 전략개념과 대응논리를 개발하고 과거 대북, 대주변국 개념을 초월하여 영토, 공역(EEZ, SLOC), 우주, 사이버, 전자전 등의 영역을 확대한 '시공간 영역'으로의 전략적 개념 전환과 합동성·통합성을 넘어 다양한 위협 대응 개념의 전략구상, 그리고 대북 위주의 안보전략에서 주변국을 포함한 전방위 위협에 대응 가능한 총합적 정부조직 구성과 대응 매뉴얼 보완이 절실히 요구된다.

미일동맹의 가치 상승 노력

미국과 일본은 1951년 미일 안전보장조
약과 1960년 상호협력 및 안전보장조약 체
결을 근거로 1978년 일본이 외부로부터 직
접적인 무력공격을 받았을 경우를 상정하
여 주일미군과 일본 자위대가 공동으로 대
응작전을 수행하는 가이드라인을 만들었
다. 그리고 1997년 9월 개정된 신가이드라
인을 발표한 뒤 1999년 관련 법안을 통과시

해상자위대 훈련 후 항진

키는 등 미일 간 안보협력은 계속 진화하며 강화되었다. 특히, 한반도 주변 사태법과 미군에
대한 후방지원 그리고 집단자위권 등은 한국을 비롯한 주변국의 강한 항의를 받기도 하였으
나, 공동운명체 수준으로 지속 발전하는 미일동맹의 현주소를 알 수 있다.

한편, 일본 자위대는 미일동맹을 축으로
주일미군을 포함한 미군과 연합훈련을 확
대하고 있다. 육상자위대는 훈련 규모 및
횟수가 대폭 증가하였고 최근에는 미 본토
까지 전력을 파견하는 등 협력을 강화하고
있다. 또한, 우리 해병대와 유사한 수륙기
동단을 2018년 1,500명 규모로 창설하였으
며, 현재는 3개 연대급으로 확장하여 일본

항자대, 미 공군과 연합훈련

본토를 포함한 남서제도 내 도서탈환훈련 등을 집중 실시하고 미 해병대와도 일본 전역 및 해
외에서 수시 훈련을 실시하고 있다. 해상자위대는 미일 간 전통적인 대잠훈련 포함하여 미 항

모전투단과 수시 기회훈련을 실시하고 있으며 항공자위대는 최신예 스텔스 전투기인 F-35A를 도입하고 대규모 공중강습훈련 등 군사협력을 확대해 나가고 있다. 2023년 한 해를 기준으로 미일 연합훈련 및 다국 간 연합훈련을 포함하여 총 56회(동중국해 18회, 동남아시아 10회, 남중국해 4회)의 연합훈련을 실시하였으며, 이는 2006년 대비 18배가 증가한 횟수이다.

자위대는 전통적인 육·해·공 자위대의 전력증강과 훈련 강화는 물론이고 다차원 통합방위구상 실현을 위해 사이버, 우주부대를 창설하고 미국과 협력하 미 우주센터에 자위관을 파견시키고 사이버·선사전부내 간 통합 훈련도 확대하고 있다.

지난 수년간 오키나와 헤노코기지 관련 지역민과의 갈등 속에서도 안정적으로 기지를 이전하여 미 해병대를 재배치하고 미 항모 함재기 이륙기지를 도쿄 서남지역인 아츠기기지에서 관서지방의 이와쿠니기지로 이전 완료하였고 큐슈 남부 무인도인 마케시마를 항모 함재기 훈련장으로 활용토록 추진하고 있는 등 미일동맹은 과거 어느 때보다 강화되고 있다.

일본정부는 이러한 미일동맹 강화를 위해 한·미·일 연합훈련에 참가하면서 확실한 연대 강화를 모색하고 있으나, 중국군의 지속적인 성장과 해양확장 등 동아시아 안보변화에 민감하게 반응하면서 미국과의 상호운영성 강화를 모색해 가고 있다. 또한, 한국의 군사력 증강과 중국의 해양팽창 전략 등에 대비하고 상시 전투태세 유지를 요망하는 미군의 요구를 수용하여 미일동맹을 강화해 나가고 있다.

한편, 지난 2024년 4월 10일 워싱턴을 방문한 기시다 총리는 바이든 대통령과 정상회담에서 미일동맹을 글로벌 파트너십이라 선언하고 미일동맹의 지휘구조 현대화와 상호운용성 강화 등 동맹을 더욱 강화하기로 합의하였다. 특히, 미일동맹 지휘구조 관련 4성 장군이 지휘하는 상설통합사령부(PJHQ : Permanent Joint Headquarters) 창설을 통한 주일미군 기능 강화를 언급하는 등 미일동맹은 어느 때보다 견고해지고 있다.

우방국과의 준동맹국 수준의 협력 강화

일본 해상자위대의 잠수함이 지난 2015년 4월 필리핀 수빅만에 입항하였다. 이는 15년 만에 필리핀에 기항한 것으로 필리핀과 체결한 방위협력 및 기술이전 협약에 따라 이루어진 것이었다. 또한, 2017년 호위함 이즈모와 사자나미함이 베트남 깜라인항에 기항하였고 잠수함도 2016년 호주 시드니항과 베트남에 입항하였다. 이러한 기항은 단순히 군사교류나 교육훈련 등 정례적인 행사라기보다 남중국해를 둘러싼 중국과의 갈등 속에서 미국과 연대하여 일본이 호주를 포함한 동남아 지역 국가와의 군사적 연대를 강화하고 있다고 할 수 있다. 당연히 중국은 일본 자위대의 활동영역 확장에 대해 우려와 항의내용을 발표하고 반발하였다.

미국이 발표한 인도-태평양전략 구상은 2016년 아프리카 개발회의(TICAD)에서 일본의 아베 총리가 자유롭고 개방된 인도태평양(FOIP, Free and Open Indo Pacific)을 공표하면서 제창되었고 이렇다 할 아시아전략이 없던 트럼프 전 대통령이 자신의 전략으로 내세우면서 시작되었다. 일본은 인도-태평양전략에 기반하여 우방국과의 안

한·미·일 공중연합훈련

보협력을 강화하고 있으며, 특히, 해상자위대 기동부대를 편성하여 태평양-인도양 국가들과 해상훈련을 정례화하고 훈련기회를 증가시키고 미국, 호주, 인도, 영국, 프랑스 등과 군사교류 증진과 인도 등 신흥 우방국과도 상호군수지원협정을 체결하는 등 관계를 확대하고 있다. 또한, 베트남, 인니, 필리핀 등 동남아 국가와는 함정 방문 및 교류, 연합훈련을 확대하고 서태평양 도서국가와도 국방장관회의 등 고위급 군사외교를 추진하고 있다. 특히, 방위대신을 포함한 자위대 각 막료장 등 고위급 인사는 매 분기 1회 이상 해외국가들을 방문하며 군사교류 및 군사외교를 적극 추진하고 있다.

또한, 일본은 미일동맹을 사활적 역할로 평가하면서 미일 협력을 기반으로 일미, 일·미·호, 일·미·인 공동훈련과 자위대 주관 훈련에 관계국을 다수 초청하는 등 인도-태평양 전략에 기반한 우방국과 전략적 제휴를 강화하고 있다. 이는 중국의 해양팽창을 차단하고 동아시아에서의 영향력을 확대하기 위함이며, 향후 해상교통로(SLOC, Sea Line of Communication) 보호와 연계하여 필리핀-베트남-인니-스리랑카 등과 군사기술 및 방위장비를 제공하며 지부티와 유사한 해외 기지를 베트남, 스리랑카 등에 확보하기 위한 노력도 예상된다.

이를 종합하면, 일본은 미일동맹을 기반으로 대중국 대응전략을 표면화하고 우방국과의 군사협력과 동아시아 국가들과의 협력을 통해 영향력을 확장하기 위한 노력을 배가하며 쿼드(미국, 인도, 호주, 일본 등 4개국 비공식 안보회의체, quadrilateral security dialogue), 오커스(미국, 호주, 영국, AUKUS) 등과 연계하여 군사적으로 준동맹 국가들을 만들어 나가는 전략을 추진하고 있다.

해양안보 전략의 변화와 대응

배타적경제수역(EEZ, Exclusive Economic Zone)은 1995년 유엔해양법 협약이 발효되면서 연안국이 영해 기점선에서 200해리 범위 안에 해양의 탐사, 개발 및 보존, 해양환경의 보존과 과학적 조사활동 등 모든 주권적 권리를 행사할 수 있도록 규정하고 있으나, 한·중·일이 겹치는 해역은 200해리 이내의 좁은 해역으로 한·중·일 3국의 해양 주권분쟁이 가열될 조짐을 보이고 있다. 일본은 배타적경제수역 개발과 이용을 촉진하기 위한 EEZ 포괄법을 제정하여 EEZ 내 자원개발, 해양조사 등 해양권익을 신장시키려 하고 있으며, 5년 주기로 작성되는 해양기본계획을 바탕으로 해양조사 등 해양정책을 추진하고 있다. 일본이 주장하는 EEZ는 120여 년 전부터 무인도에 말뚝을 박아 표시한 역사를 근거로 중국보다도 넓은 해역이다. 예를 들어 1895년 청일전쟁에서 승리한 일본은 센카쿠열도를 영토에 편입하여 수산물공장을 짓고 현재까지 실효지배하고 있으며, 1896년 도쿄 동남방 1,800km에 위치한 미나미토리시마라는 작은 무인도를 영토화하여 국토보다 넓은 EEZ를 확보하였고 최근 활주로를 건설하고 자위대를 상주시켜 실효지배를 강화하고 있다. 이러한 광활한 EEZ를 실효지배하기 위해 일본은 본토 주변 해역을 포함 EEZ 방호 개념을 적용하고 해상자위대 함정과 해상보안청 순시선을 상시 순찰시키고 24시간 항공기로 해상을 초계하고 있다.

해자대 P-3, 서해상 밀수선박 감시비행

특히, 일본은 광활한 EEZ와 해상교통로 확보를 위해 미국이 시행하고 있는 항행의 자유작전과 유엔 대북제재 감시작전(Enforcement Coordination Cell)에 적극 동참하며 동중국해에 함정을 상시 배치하는 등 활동을 지속 강화하고 있다. 또한, 대테러, 해적퇴치 등의 인도적 국제공헌을 표방하며 아덴만/중동지역에 호위함 2척과 해상초계기를 상시 파견하고 인도, 스리랑카 포함, 동남아 각국 해군과 연합기회훈련을 통해 해양국가로서 안보 전략을 강화하고 원해 작전능력을 확보해 나가고 있다. 또한, 해상자위대에 뒤지지 않을 만큼의 전력을 보유한 해상보안청 소속의 함정, 항공기의 정찰활동도 크게 증가하고 있다.

해자대 함정 사열

한편, 유엔 안보리 대북한 제재의 일환으로 동중국해 등에서의 불법환적을 감시하기 위해 미국을 필두로 영국, 호주, 캐나다, 뉴질랜드(5EYES)와 프랑스·일본·한국 등이 함정·항공기를 제공하여 감시작전을 시행하고 있다. 이는 각국의 국익과 동아시아에서의 영향력을 확대함과 동시에 대중국 견제를 위한 작전으로 평가된다. 일본 자위대 또한 적극적인 활동을 전개하고 있으며 매년 수십 회의 북한의 불법환적 사례를 식별하여 유엔에 보고서를 제출하고 있다. 이러한 일본 자위대의 ECC 작전 참가는 중국 해·공군의 동중국해에서의 활동이 증가함에 따라 감시자산으로 활용하고 ECC 참가국 함정의 일본기항 유도 및 기회훈련을 통한 군사외교 수단으로도 활용하고 있다. 또한, 미 7함대(일본 요코스카)에 위치한 ECC 본부 내에도 중령급 자위관을 파견하여 협력을 강화하고 있으며 ECC 작전을 주변국과의 군사협력 및 군사외교 활동의 장으로 활용하고 있다.

국제사회는 힘의 논리에 의해 국익이 좌우된다는 것이 역사를 통해 입증되었다. 일본의 EEZ 확장과 해양안보전략의 변화는 일본열도에 둘러싸여 있는 한반도의 지정학적 위치를 고려했을 때 시사하는 점이 크며 2028년 대륙붕(7광구) 협정 종료 등 한일 해상분쟁 요소가 앞으로도 증가하고 있어 이를 대비할 우리의 국가안보정책과 해양정책의 보완이 어느 때보다 절실하다고 할 것이다.

육상자위대의 기동성 확보

일본은 제2차 세계대전 패전 이후 정규군을 보유하지 않을 것을 선언하였으나, 1950년 한국전쟁이 발발하자 치안유지를 위해 경찰 예비대가 창설되고 이어 1954년 자위대로 명칭을 변경하여 현재에 이르고 있다. 자위대의 병력은 약 25만 명으로 이 중 육상자위대 병력이 약 14만 명을 차지하고 있다.

육상자위대 대전차유도미사일 발사훈련

육상자위대는 2014년에서 2018년까지의 방위계획대강을 토대로 '통합기동방위력' 구축을 위해 2018년 3월 육상총대사령부(한국의 지상작전사령부와 유사)를 창설하고 기동 사·여단을 개편하여 작전 기본부대가 일본열도 전국에서 신속·유연하게 통합운용토록 하였다. 특히, 각 지방방면대 총감부의 지휘 및 관리 기능을 효율화하고 합리성을 배가하기 위한 개편도 추진하였다. 또한, 2019년부터 2023년까지 육상자위대 예하에 3개 기동사단 및 4개 기동여단으로 점진적으로 개편하여 기동력과 감시능력을 강화하고 이를 바탕으로 큐슈 남방 도서지역에 대한 방호와 도서지역에서 상황발생 시 본토 전력을 신속하게 전개 가능토록 하고 있다. 또한, 해·공 수송부대 창설과 연계, 일본 열도의 지형 특성을 고려하여 궤도형 차량에서 신속 탑재-이동이 가능한 차륜형 장갑차와 기동전투차량 등의 장비 편제로 전환하여 운영 중이며 기존의 지역방어 개념을 탈피하여 유연성과 즉응성이 확보된 기동사·여단이 독립작전이 가능토록 포병, 통신, 정보 등 제병과를 포함하여 부대를 개편하였다는 의미이며 유사시 공군 수송기 및 해군 함정을 이용하여 도서지역에 신속 전개 가능토록 배치하였다.

육자대 강하훈련

한편, 2018년 3월에는 중국의 군사력 증강에 따른 남서제도 방위태세 강화와 동중국해로의 신속한 전개를 목적으로 육상자위대 도서방위 전문부대인 수륙기동단(일본판 해병대)을 사령부 및 2개 연대, 약 2,100명 규모로 편성하여 나가사키현(아이노우라)에 창설하였다. 또한, 수륙양용장갑차(54대)와 17대의 오스프레이(V-22) 헬기를 배치하여 미 해병대와 연합훈련을 강화해 나간다는 계획으로 현재도 미 해군·해병대와 도서방어훈련 등 상륙작전을 지속 시행 중이다. 한편, 지난 2024년 3월 600여명 규모의 제3 수륙기동연대를 추가 창설하여 나가사키현(타케마츠)에 배치함으로써 6년 만에 3개 연대체제를 완성하였다.

육상자위대는 창설 이후 일본 국내는 물론, 미 본토 등 해외에서 대중·러시아 위협에 대비하여 미국을 비롯한 호주, 프랑스 등과 연합훈련을 지속 확대해 나가고 있으며, 지진 등 대규모 재해재난 발생 시 소요부대를 신속하게 수송·전개하여 초기대응할 수 있는 체제를 갖추어 나가고 있다. 이러한 육상자위대의 변화는 중국의 해양팽창 전략에 대응하고 도서침탈 시 신속 전개/탈환을 하기 위함이며 육상총대사령부 직할부대로 공정단과 함께 자체 기동과 해상자위대 수송부대와 작전 연계성도 확보한 것으로써 일본의 평화헌법상 전수방위 원칙 위배 논란은 있으나, 유사시 어느 지역에도 전개 가능한 전력투사 능력을 가진 전력으로 평가되고 있다.

해상자위대의 수상·수중·항공전력 증강

일본 해상자위대는 1954년 창설되어 현재는 45,000여 명의 병력과 110여 척의 함정, 360여 대의 항공기를 운영하는 막강한 전력을 보유하고 있다. 이는 최근 해군력를 크게 확장하고 있는 중국 해군의 60% 이상의 전력지수를 갖는 규모로 남서제도에서의 분쟁을 대비하여 지속적으로 전력을 증강시키고 있다. 또한, 중기 방위력정비계획

1차 항모화 개조를 마친 이즈모함

에 다수의 함정 건조계획을 반영하여 신형 호위함 지속 건조 중이며, 향후, 10년 이내에 이즈모급 항모를 포함한 총 54척 호위함으로 구성된 4개 호위대군을 운영할 것으로 전망된다.

수상전투함 연도별 건조현황/계획

구분	2020년~2021년	2021년부터	2023년부터
건조계획	마야급(8,200톤급) 신형호위함 2척	3,900톤급 신형 호위함 22척(연 2척)	1,900톤급 신형초계함 12척

* 이즈모형 항모 2척, 휴가형 2척, 이지스함 8척, 3,900톤급 6척(종 22적 계획), 1,900톤급 12척, F-35B 40여 대 (항공기 운용은 공자대)

모가미급 호위함의 요코스카 입항 모습

특히, 모이즈모급 호위함의 항모 개조, 그리고 마야급 이지스 구축함과 모가미급 호위함 대량 건조는 노후화된 함정의 교체를 넘어 해상자위대의 수상전력역량을 급성장시킬 것으로 전망된다.

잠수함대 예하에는 2개 잠수대군, 22척 체제(연습함 2척 제외)로 운용하고 스텔스 기능을 향상시킨 소나와 리튬 이온전지를 탑재하고 장시간 잠항능력이 있는 3,000톤급 최신 소류급 잠수함을 매년 1~2척 건조하여 구형잠수함을 대체하고 일본 주변해역을 포함하여 동·남중국해까지 활동해역을 확대해 나갈 것으로 예상된다.

이러한 전력 건설은 비약적으로 신장된 중국 해군에 대응하기 위한 전략으로 제한된 재정, 정원규모 등 현실적 여건을 고려해 일정 수준을 유지하고 구형함정을 대체하여 최신전력 유지에 집중하고 있다.

한편, 항공집단군은 해상자위대 전체 정원의 약 18%(8,000여 명)로 구성되어 있으며 항공집단사령부(아츠기)는 P-3, P-1 초계기 등 다수의 해상초계기와 해상작전헬기(SH-60J)로 구성된 9개의 항공군과 직할대를 일본 열도 전역에 배치 운용하고 있다. 또한, P-3 초계기의

초계 중인 P-1 해상초계기

노후화에 따라 P-1 70대 목표로 매년 3~4대를 전력화 추진 중이며, 향후 EP-1(5대), OP-3C(개량) 등 특수기를 포함하여 총 신형 80여 대를 운용할 것으로 전망된다.

해상초계기 운용 현황

구분	보유대수	운용 기지
P-1	34대	아츠기, 카노야
P-3C 등	47대	하치노헤, 아츠기, 나하, 시모후사, 이와쿠니

* OP-3C, UP-3C, EP-3, UP-3D는 P-3C에 포함(나하기지 등에서 운용)

일본은 아시아 최대 해상초계기 보유국으로 일본 근해는 물론, EEZ, 동중국해 등 광범위한 해역에서 중국 잠수함 활동, ECC 참가 등 전략적 환경에 따라 24시간 감시작전을 수행 중이다. 특히, 최근 P-1 초계기의 가고시마현에 위치한 카노야기지 추가 전개는 서남해역 작전중심의 의지로 평가되며 한반도 주변 해역에서 운용하기 때문에 우리 해군과도 해상에서 언제나 조우할 수 있다. 또한, 최근 일본 해상자위대가 추진하고 있는 해상 중심의 반격능력 확보를 위해 다양한 형태의 장거리 미사일 개발을 추진하고 있고 특히, 차기 잠수함에서 운용할 스탠드오프 미사일 탑재는 2027년을 목표로 개발 중이다. 최근에는 내년까지 미국의 토마호크 미사일 400기를(약 2조 원 규모) 도입하여 순차적으로 이지스구축함에 탑재할 계획을 발표하였다. 이러한 전력 확보는 해상자위대의 반격능력을 배가시킴과 동시에 미일동맹의 일체화와 공세적 해양전략의 수단으로써 활용하는 전략적 변화가 예상된다.

항공자위대의 전력 증강 및 운용개념의 변화

일본 항공자위대도 2차대전 이후 1954년 자위대법이 통과되면서 7월 1일 창설되었으며, 현재는 47,000여 명 규모의 병력과 F-2, F-15, F-16 등 370여 대의 전투기를 운용하고 있다.

2018년 신방위계획대강을 통해 F-35A 전투기 42기 최초 도입을 발표하였으나, 이

항공자위대의 전투기 훈련

후 F-35B 42기를 포함하여 총 147기를 도입하는 것으로 변경되었다. 특히, 이즈모급 호위함을 항모로 개조하여 F-35B 전투기를 탑재 통합 운용(척당 12대 수준 탑재)하고 이를 미스비시중공업 등 국내기업에서 조립·생산할 예정이다. 일본은 F-35A를 도입할 때 최초에는 완성기 수입으로 했다가 다시 미국과의 협상을 통해 재조립 생산하는 방식으로 변경하여 정비 능력을 확보해 나가고 있다. 또한, 노후 F-15J(99대) 전투기의 성능개량과 2035년경 퇴역 예정인 F-2 전투기의 후속기 개발에도 심혈을 기울이고 있으며, 현재에도 20여 대의 조기경보통제기(E-767, E-2C/D), 전자전기(EC-1, YS-11EA/B, RC-2 등)와 글로벌호크 등 무인기, 50여 대의 수송기(C-1/2, C-130H 등)와 공중급유기, 훈련기 등을 운용하고 있다.

전투기 운용 현황(2023년 방위백서 기준)

기종	보유대수	운용 기지
F-2	91	하쿠리(이바라키), 츠이키(큐슈)
F-15J	201	나하(오키나와), 뉴타바루(큐슈), 고마츠(이시카와), 치토세(홋카이도)
F-35A	33	미사와(아오모리)

항공자위대에서 운용하는 무장은 2차대전 말기부터 연구·개발이 시작되었지만 패전 후 1950년대부터 방위청 기술연구본부 주도로 본격적인 유도무기 연구·개발이 진행되어 대전차미사일, 대함/대전차, 지대공, 지대함, 함대함 등 약 20여 종의 미사일을 개발하여 실전 배치하였다. 최근에는 JDAM, SDB, 페이브웨이 등의 공대지 유도폭탄을 도입 운용 중이며 장거

리 스텐드오프 미사일(LRASM)을 개발하는 등 대지 공격능력을 강화해 나가고 있다.

항공자위대는 동중국해 등에서 중국 공
군의 활동이 증가함에 따라 최신예 전투기
를 미사와기지 등 동북지역에서 큐슈 등 남
서지역으로 전환 배치하고 북한 및 주변국
미사일 위협에도 대응하고 있다. 일본은 넓
은 태평양공역을 포함한 일본 해역에 대한
방공태세를 갖추기 위해 다수의 항공관제
부대(8개의 경계군과 28개 경계대)를 운용

항자대 폭격기 편대군 비행

하고 있으며, 노후화된 지상감시 레이더 교체 및 차세대 감시레이더를 개발을 추진하고 있
다. 또한, 경계감시 능력을 향상시키기 위해 E-2D 항공기 도입과 CEC(동시교전)기능을 지원
할 수 있는 '마야'형 이지스함과 연동하여 원거리에서 정보 제공하는 등 지상 및 공중 경계감
시 장비를 지속 확충하고 있다. 모든 고사총대대를 요격성능이 향상된 PAC-3로 대체하였으
며, 효과적인 지휘통제체계(JADGE)와 DATA-LINK로 연결한 통합임무부대를 운용함으로써
육·해·공 자위대 전력의 통합성을 극대화하는 데 노력을 집중하고 있다.

한편, 최근 센카쿠열도(중국명 다오위다오)를 포함한 일본 방공식별구역 내에서 중국, 러시
아 전투기의 활동 증가로 항공자위대 전투기의 긴급발진 소요가 증가되고 비상출격이 급증
함에 따라 조종 자위관의 피로도가 증가하여 근무 기피현상이 심화되고 퇴역률도 증가하는
등 또 다른 어려움에도 직면하고 있다.

우주 · 사이버 · 전자전 능력 확충 및 운용

일본은 육·해·공자위대의 전력 증강은 물론이고 우주, 사이버를 포함한 다차원 영역에서
의 방위력 강화에 집중하고 있다. 이는 공간과 지역을 횡단하여 종합적이고 복합적인 영역에
서 군사력을 운용하겠다는 것이며 각 영역을 담당하고 발전시킬 조직 신설과 작전에 필요한

능력을 확보해 나가고 있다. 먼저, 육상자위대에 사이버방호대(육), 전자전부대를 창설하고 해상자위대에 전자정보부대를 확대 개편하고 항공자위대에는 우주작전대와 우주영역기획반 등을 창설하였으며 우주상황감시체계, AI 적용 사이버대응, 전자전기 등을 개발하여 능력을 확충해 나가고 있다.

우주사이버전자파작전대 출범

또한, 기존 플랫폼 능력 향상을 위해 신장비를 도입하고 2파장 적외선센서, 전자전기 및 전파방해 장비, 네트워크전 관련한 연구·개발을 신속하게 추진하고 있다. 이는 미일 방위협력을 바탕으로 미 전략사와 우주감시 협력 및 인원 파견, ISR 정보 공유, 통합미사일 방어 등을 통해 해당 영역에서의 능력을 강화하고 있으며, 육상자위대 예하학교에 사이버 관련 과목 편성, 사이버 교육담당 부서 신설 등을 통해 사이버 관련 우수인재를 육성하여 확보하고 있다. 이러한 노력과 더불어 첨단기술과 영역횡단이 가능한 분야를 중점 발전시키고 위성정보수집체계(IGS), 군전용통신위성, 자체 GPS체계 등의 자산을 구비하여 중국의 전자전 및 사이버전에도 대응할 계획이다. 한편, 일본은 과거 러시아의 탄도미사일 위협을 우려하였으나 최근에는 북한의 탄도미사일 발사로 인해 일본열도 전역에서 안보 위기감이 증폭되었고, 실질적 위협에 직면했다는 절박함이 확산됨에 따라 탄도탄 방어시스템 도입과 개발에 집중하고 있다.

탄도탄 방어시스템은 기존 이지스함과 항공기, PAC-3에 더해 전파방해장비 등을 추가한 방어체계를 도입하고 장비를 개발하고 있다. 전파방해장비는 육상배치형 적 항공기 무력화 방해장비와 탄도미사일 방해 전자장비를 개발하여 네트워크화를 추진하고 있으며 지대함 공격 및 대탄도탄 방어능력 제고를 위해 고속 활공탄 개발과 초음속유도탄을 연구하는 등 북한 및 주변국의 탄도미사일에 대한 대응자산을 확충하는 노력을 통해 적 기지 공격능력을 확보해 나가고 있다.

정보 조직의 보강과 활성화

2013년 11월 일본 교도통신은 일본 육상자위대 내부에 비밀정보부대가 총리와 방위상(국방장관)에게 보고하지 않은 채 독단적으로 한국, 중국, 러시아, 동유럽 등에서 신분을 위장한 자위관들로 하여금 정보활동을 펼치고 있다고 보도했다. 한국 등에서 자위관 이력을 말소하

해자대와 해상보안청 공동훈련

고 다른 성이나 청의 직원으로 신분을 위장하거나, 일본 상사업체의 지점사원으로 가장한 뒤 협력자를 활용하여 군사, 정치, 치안 정보를 수집하기도 한다고 통신은 전했다. 전(前) 육상막료장을 지냈던 한 장성의 말에 의하면, "별도의 비밀부대 존재를 인정하면서도 만일의 사태에 책임을 지지 않기 위해 보고하지 않으며 총리나 방위상도 별도 부대의 존재를 모른다"라고 언급하였다.

일본 자위대의 정보조직은 과거 구(旧)일본 육군성 예하에 '별반'이라는 정보수집부대를 운영하였으며 패전 이후에도 이러한 형태의 정보조직이 존재할 것으로 예상되는 보도였다. 이 별반이라는 비밀정보 조직은 과거 김대중 납치사건에도 일부 관여되어 있다는 일본 언론 보도가 있었으나, 세부 실체가 밝혀지지 않았으며 아베 정권에서 제정된 특정비밀보호법으로 인해 실체는 더욱 알기 어려워졌다.

한편, 일본 정부 내 공식적인 정보조직은 내각 정보위원회에서 총괄하며 이곳에서 정보의

우선순위에 따라 방위성(국방부)은 정보활동 지침을 수립하고 예하 정보본부는 방위성의 지침과 각 막료감부 요구에 의해 정보활동을 전개한다. 즉, 정보본부가 정보의 총괄업무를 수행하며 내각(정부)의 정책 지원을 위한 정보활동 및 보좌하며 정보본부장은 정부 정책지원 관련 정보를 총리에게 직접 보고한다. 또한, 내각회의 등 안전보장 관련 협의 시 통막장, 정보본부장이 참석하여 정보를 공유하고 정책에 반영할 수 있는 직보 채널도 유지하고 있다.

정보본부의 조직은 분석부 예하 총 10개 과와 정보보전대(방첩)로 구성되어 있으며, 북한을 포함한 세계 각국 및 유엔·군축·군사기술분야 담당과도 편성되어 있다. 자위대에도 정보를 담당하는 조직이 있는데 육상자위대의 경우, 2018년 창설된 육상총대사령부 예하에 600여 명 규모의 중앙정보대(정보처리대, 지리정보대, 기초정보대 6개과)가 있으며 해상자위대는 정보업무군(기초정보지원대), 항공자위대에는 작전정보대라는 별도 조직을 갖추고 각 영역에서 작전에 필요한 정보를 수집 처리한다. 특히, 정보분석 능력을 배가시키기 위해 정보본부 및 기초정보대 과장급은 정보를 수집하는 피당사국에서 무관으로 근무한 자를 우선 보직하여 활용하고 있다.

일본은 구(舊)일본군 시절부터 정보대 운용의 중요성을 인식, 각 막료부 예하에 정보부대를 운용 중이며, 우리의 국가정보원 같은 공식적인 조직이 없어 이러한 국가조직을 만들기 위해 노력하고 있다.

자위대의 정원구조와 예비자원 관리

일본 자위대는 법률에 정한 정원 범위 내에서 자위관을 운용 중이며, 25만 명의 정원 편성하여 22.8만여 명을 운영(충원율 92.2%, 육자대 91.0%, 해자대 95.2%, 공자대 92.0%)하고 있다. 최근에는 각 자위대의 통합성 확보와 우주, 사이버, 전자전부대를 통합하고 수륙기동단(2,300명), 우주작전대(100명), 전자전부대(80명) 등 새로운 부대를 창설하는 데 필요한 정원 증원을 추진하고 있으나, 증원이 제한되어 기존 부대에서 염출 확보 중이다.

한편, 자위대는 정원 증원이 제한됨에 따라 자위대 내 전투부대를 지원하는 지원부대의 기능을 민간인력으로 충원하고 있으며, 특히 과거부터 활용 중인 정비, 보급 등의 분야에서 민간인력 활용을 증가시키고 있다. 특히, 해상자위대는 신규 함정을 건조할 때 병력 절감형 건조 개념 도입하여 인력의 효율성을 배가시키고 있으며 신형호위함인 FFM-30형 함정(경하톤수 1,800톤급)에는 최초 30명을 정원(실제로는 80여 명으로 운영)으로 설계를 추진한 바 있다. 이러한 자위대의 인력운영은 우주·사이버·전자전 등 다차원 통합방위구상이라는 방위정책구상과 서남해역 도서부대 신편 등 급증하는 증편소요를 기존부대에서 차출하거나, 민간인력을 적극 활용하여 충원 중이나 전투부대에서 병력 염출이 한계에 봉착하고 근무환경 열악, 악습, 사건사고 급증 등으로 자위관 임용 후 퇴직 증가로 대량획득-대량손실의 악순환이 지속되고 있고 우수자원 확보에도 어려움이 증가하고 있는 실정이다.

자위대는 현역 자위관의 부족을 해소하기 위해 퇴직 후 본인 희망에 따라 3종류의 예비군 제도를 시행 중이다. 먼저, 즉응예비자위관은 전역 1년 미만자로 1년에 약 30일간 현역 자위관과 동일하게 개인훈련~부대훈련까지 구분하여 교육훈련을 받고 3년간 현역과 동일하게 임무를 수행하는 자원으로 약 8,000여 명을 운영하고 있다. 두 번째는 예비자위관제도로 대위 이상 전역한 자를 1년에 5일 훈련시켜 3년간 주둔지 경비 등 후방지원 임무를 수행하는 자원을 47,900여 명을 운영 중이며, 세 번째로 예비자위관보는 자위대를 미경험한 4,600여 명을 일정 기간 교육훈련(3년간 50일 교육훈련 수료)시켜 임무를 수행하는 제도를 운영 중이다. 이 중 즉응예비자위관의 장기간 교육훈련 참가 여건 보장을 위해 방위성에서는 즉응예비자위관을 고용한 민간기업에 대해 한 명당 42,500엔(1년에 총 4회)의 지원금을 지급하고 있으며, 부대훈련에 참가한 예비 자위관에게는 연간 약 60만 엔의 수당을 각각 지급하고 있다. 이들 예비군은 동일본 대지진, 홍수, 태풍 등 국가비상사태 선포 시 피해복구나 코로나 방역에 소집되어 부여된 임무를 수행하였으며, 향후에도 일본 내 재해·재난 등 대규모 사태가 발생했을 때 적극 활용될 예정이며, 이를 통해 자위관들의 대국민 인식 재고와 필요성을 홍보하는 역할을 할 것이다.

자위관 군사교육 체계의 변화

일본은 우리와는 달리 각 자위대 사관학교가 없이 방위대학교를 통해 간부 자위관을 양성하고 있다. 방위대학교는 1952년 창설되어 가나가와현 요코스카에 위치하고 있으며 연간 약

500여 명의 신입생이 입학하며 아시아 각국의 위탁생도 받고 있다. 학교장은 통상 민간인이 보직되며 두 명의 부교장을 두고 있으며 이 중 1명은 자위대 장성을 보직하고 있다.

일본 자위대는 방위대 등을 통해 임관한 자위관을 대상으로 임관 전에 1년간의 후보생 과정을 통해 실무교육을 실시하여 실무적응능력을 배양하고 초급간부로시의 임무숙달 기회를 부여하고 있다. 또한, 보수교육은 우리 군사교육과 유사한 체계로 초급간부는 후보생과정을, 이후 위관급은 병

일본의 방위대학교 사열

과교 교육을 실시하고 중견간부는 도쿄 메구로구에 위치한 간부학교에서 그리고 고급간부는 우리의 국방대학교처럼 방위연구소에서 보수교육을 시행하고 있다.

특히, 일본의 중견간부들의 보수교육과정을 살펴보면, 과정별 국제정세, 지정학, 군사전략 등 국제관계 관련 교육 등 국제적 감각 고취를 위한 관련 교육을 강화하고 있으며, 각 학교에 근무하는 교관 중심의 교육이 아닌 해당 과목을 직접 담당하는 각 정부기관에서 실근무하는 강사를 초빙하여 교육함으로써 현장감 있는 내용으로 교육하고 있다. 또한, 구(旧)일본군의 제국주의에서 벗어나기 위해 국제평화활동, 해적퇴치 등 국제평화에 기여하고 있는 내용을 많이 포함하여 교육함으로써 과거 군국주의에서 탈피하는 모습과 자긍심을 고취시키고자 노력하고 있다.

이러한 일본 자위대의 교육을 평가해 보면, 먼저 초급간부의 기초전술 숙달과 고급간부의 전문성 향상 교육의 내실화이다. 특히, 중견간부 교육은 교육과정의 2/3 이상을 현직 관료나 해당 분야 외부 강사(교수 등)를 초빙하여 수강하며 단편적인 주입식 교육을 탈피하고 주요 국가에 대한 국방정책, 군사전략을 국내외 정치 상황과 연계하여 교육하고 있다. 둘째, 역사교육은 미비한 반면, 앞서 언급하였듯이 제국주의 악몽에서 벗어나면서 애국심과 자긍심을 고취시킬 수 있도록 국제평화유지활동, 해적퇴치, 대북환적 감시활동 등 국제사회와 연계된 활동을 강조하면서 현 국제상황과 연계하여 군사교육에 활용하고 있다. 셋째, 주적이 없는 일본의 안보상황을 고려, 주변국(한국, 중국, 러시아, 북한)과 영토분쟁과 갈등을 활용하고 상시

긴장감을 유지시킴과 동시에 교육효과를 제고시키고 있다. 네 번째는 태평양전쟁 패전을 포함한 전쟁사 교육은 미비한 반면, 자위대의 보통군대화를 포함하여 미래 일본의 위상과 안보에 대한 인식을 제고하고 제국 운영의 경험을 상기시키며 국제적인 감각 발달을 유도하고 잠재적으로 대국 운영의 마인드를 유지하려는 저의도 엿볼 수 있다.

그러나, 이러한 자위관들의 양성, 보수교육에도 불구하고 많은 자위관들이 일반 공무원과 비슷한 생활을 하고 있기 때문에, 군기 유지와 복지 향상 노력에도 불구하고 각종 사건, 사고가 끊임없이 발생하여 부대관리에 어려움이 상존하고 있는 실정이다. 한편, 매년 방위대학교 졸업자의 임관 거부자

일본 자위대 간부학교 수료식

가 지속 증가하는 추세로 400여 명의 졸업예정자 중 매년 30명 이상이 임관을 거부하였으며, 2021년에는 50여 명이 넘는 인원이 임관하지 않고 사회로 진출하기도 하였다. 이러한 현상은 일본의 정치상황보다 경제, 취업률 등에 민감하게 작용한 결과이며, 복무환경, 희망자원, 복무기간, 임금 등에도 영향을 받고 있다.

자위관의 직업성 보장

일본 자위대의 자위관도 연령정년을 적용하고 있으며 최근 우수자원 확보의 어려움이 계속됨에 따라 직업성 보장을 위해 간부의 정년을 대좌(대령)는 56세에서 57세로 중·소좌(중·소령)는 55세에서 56세로 일등위~일등조(위관~상사)는 54세에서 55세, 이·삼등조 이하(중·하사)는 53세에서 54세로 연장했다. 자위관의 연봉은 우리 군과 유사하지만 수당은 다소 높은 반면, 관사지원 등 복지지원 수준은 오히려 우리 군보다 열악하다. 특히, 도쿄 내 위치한 방위성 등에 근무하는 자위관은 관사 부족으로 대부분 도심 외곽에 거주하며 장거리 출퇴근을 하고 있으며, 일부 자위관은 평일에는 부대 내에서 숙식하며 주말에만 각자의 집으로 퇴근하는 사례도 많다.

자위관들의 인사관리도 우리 군과 유사하나, 근무지가 북해도부터 오키나와까지 원거리에 걸쳐 근무함에 따라 근무여건도 좋지 않다. 특히, 자녀교육에 열정적인 자위관은 가족과 별거하는 경우도 많으며 일본의 지리적 특성상 비싼 국내 교통비로 인해 가족 간 장거리 이동에도 어려움을 호소하는 경우도 많다. 이러한 근무여건으로 인해 자위관의 이혼율이 증가하고 있으며 최근 중국군의 활동과 북한의 탄도미사일 발사 등 안보환경 변화로 인해 대비태세가 격상되어 긴급출격, 장기출동 등 지속 악화되는 근무여건으로 이직률 또한 증가하는 추세이다.

자위대는 퇴직한 자위관의 재취업을 위한 지원조직을 편성 운영 중이며, 장성급은 내각 인사국에서, 대령급 이하는 방위성(각 막료부) 취업 담당부서에서 관리하면서 방위산업체를 포함, 안보기관, 민간기업 등에도 재취업을 제도적으로 지원하고 있다. 한편, 최근에는 경기불황 등으로 기업체 재취

항자대, 이스라엘 자국민 철수 지원

업 기회 감소 및 일부 고위급 자위관은 방산비리 등에 휘말리지 않기 위해 안보단체, 연구소 등에 재취업을 선호하는 현상도 발생하고 있다. 실제 몇년 전에는 육상자위대 장성들의 재취업 관련 기관/업체에 압력을 행사하고 선호 직위 우선 추천하는 등 비리문제가 발생하기도 하였으며 보험사 등 민간기업에 재취업 지원한 후 부적응으로 조기 퇴사하는 사례도 다수 발생하고 있다.

일본 사회는 누구나 처음 만날 때 자연스럽게 서로 명함을 주고받는 문화가 정착되어 있다. 고위 예비역 자위관을 만날 때 그들도 자신의 위치와 소개를 위해서도 명함에 직책을 다수 기록하는데 대부분 방산기업이나 자위대 관련 직종에 종사하는 사람이 다수임을 알 수 있다. 그들은 기업의 이윤과 자위대의 방산 분야에서 연관성과 조언, 그리고 영업 분야까지 다양한 역할을 하고 있으나 근무기간은 그리 길지 않아 직업성을 보장받고 있다고 하기에는 다소 무리가 있으나, 일본 정부(방위성, 자위대)가 퇴직 자위관의 재취업 정책에 관심을 두고 자위대에서 장기간 경험에 의해 취득한 노하우(Know-how)를 방위정책과 방위산업에 적극 활용하고 있다는 것은 참고할 만하다 할 것이다.

자위관의 모집과 홍보활동

　자위대는 1956년 창설 이후 현재까지 모병제를 통해 자위관을 모집하고 있으며 패전 이후 구(旧)일본군 이미지 등으로 자위대에 대한 국민의 호감도와 열악한 처우로 인해 직업으로서의 인기가 낮았으나, 2011년 동일본 대지진 시 자위대에 의한 국민 보호와 재해·재난 활동 이후 자위대에 대한 부정적 인식이 변화하였다. 이를 바탕으로 자위대는 동일본대지진 이후에도 구호활동, 평화유지활동 등을 적극 전개하여 국민들로부터 호감도가 상승하였으며 이제는 재난구호 임무가 자위대의 핵심임무 중 하나로 정착되었다.

　최근 일본은 실업률 저조, 경기 호전으로 자위관 지원율이 낮아지고 있어 우수자원 획득을 위한 각종 모집 정책을 시행하고 있으며 특히, 자위관 모집 제한을 극복하기 위해 지원 상한연령을 18~26세에서 32세로 연장하고 획득 전담부서를 신설하였으며 여성자위관 비율도 5.7%에서 9%로 상향 설정하고 최대 9만여 명까지 운영할 예정이다. 또한, 예비 자위관 및 즉응자위관 채용연령도 확대하여 인력운영을 도모하고 있다. 그러나, 이러한 노력에도 불구하고 자위대 내 자위관의 근무여건이 불비하고 이지메(왕따) 문화 등으로 인한 병영문화 여건이 좋지 않아 사건, 사고가 증가하고 퇴직자가 급증하는 등의 문제점이 상존하고 있다.

　자위대 모병은 행정구역별로 설치된 지방협력본부를 중심으로 실시하고 있으며 육·해·공자대는 공동기관으로 주요 행정구역별로 총 50개소의 협력본부를 설치하여 운영 중이며 본부장은 주요 도시만 장군(소장)급이며 대부분은 대령급 보직하고 있다. 모병활동은 지방협력본부 소속의 홍보관이 임무를 수행하며 우리 군과 유사하게 하사~상사 계급은 본인 희망 또는 지명에 의해 보직되며 통상 3~4년 임무수행 후 원부대로 복귀하고 연장근무도 가능하다.

　홍보관은 설명회 개최, 지원자 상담, 각종 이벤트에서 홍보를 주로 실시하며 최근에는 SNS 등을 통한 활발한 홍보와 모집활동을 전개 중이다. 지역협력본부는 지자체에 주민기본대장 열람을 요청하여 대상자에게 자료를 송부하거나 학교를 방문하여 설명회도 개최하고 있다.

　이러한 홍보 노력을 종합하면, 자위대는 각 지자체에 지역부대, 자위관 파견대 등 상설조직을 통해 협력관계를 유지하고 각종 재난 및 상황발생과 연계하여 지자체에 연락관을 파견하여 업무 협조를 실시하고 모병뿐만 아니라 퇴역 자위관에 대한 재취업 활동도 지원하는 등 적극적인 대국민 홍보활동으로 자위대의 좋은 이미지 제고에도 기여하고 있다. 또한, 모병을 위한 개인자료 열람을 지자체가 요청 가능토록 자위대법에 규정함으로써 모병활동 여건을 보장하고 있다.

제3장 일본의 방산정책과 기술개발 동향

일본 방위산업의 역사와 특성

일본은 패전 이후 금지되어 있던 방산수출 진흥을 위해 아베 신조 내각 시절인 2014년 4월 각의(우리의 국무회의)에서 결정된 방위장비 이전 3원칙은 ① 분쟁당사국과 유엔 결의 위반국에 무기수출을 하지 않고 ② 평화공헌과 일본 안보에 기여하는 경우에 한해 무기를 수출하며 ③ 수출 대상국에 의한 목적 외 사용 및 제3국 이전은 적정한 관리가 확보되는 경우에 한정한다는 내용을 담고 있으며, 사전에 엄격한 심사를 받도록 규정하고 있다.

그러나, 최근 일본의 집권 연립여당인 자민당과 공명당은 무기수출을 제한하는 방위장비 3원칙의 운용지침 개정을 위한 정리에 착수했다고 발표했다. 최초에는 2023년 정기국회에서 합의를 모색했지만 연립여당인 공명당에서 신중한 입장을 보이면서 충분한 의견을 정하지 못한 것으로 전해졌다. 이 가운데 구난, 수송, 경계, 감시, 소해(기뢰 등 제거작업) 등 5가지로 규정된 방위장비의 목적제한과 관련하여 살상무기를 포함하자는 자민당과 기뢰제거와 교육훈련만 항목에 추가하자는 공명당의 입장이 차이가 있으며, 완제품 무기의 미국 수출도 논의하고 있다.

그동안 일본은 우방국과의 절충교역과 공동생산 등을 통해 SM-3, F-15전투기, 다연장 로켓(MLRS), 패트리엇(PAC-3) 등 다양한 무기를 생산하였으나, 다른 나라에 수출이나 공동생산한 나라에 역수출은 불가하였다. 한편, 일본 정부는 러시아 침공을 받은 우크라이나에 방탄조끼와 방한복, 천막, 카메라, 비상식량, 발전기 등 비살상용 방위장비를 제공하였다. 이는 우크라이나는 유엔 안보리가 조치하는 분쟁 당사국이 아니기 때문에 방위장비 이전 3원칙에 위배되지 않는다는 일본 정부의 입장하에 지원한 것이다.

또한, 2020년 필리핀과 상호접근협정(RAA)과 일본 정부가 2023년 신설한 정부 안전보장

능력 강화 지원(OSA) 적용 등을 통해 방공레이더 4기 수출을 계약하였고 2023년 11월 1기가 수출되었고 2025년까지 나머지 3기도 납품될 예정이다. 이는 2014년 방위장비 이전 3원칙을 마련한 이후 처음으로 완제품을 수출한 첫 번째 사례이다.

한편, 아베 신조 정권이 무기수출 금지 원칙을 47년 만에 공식 폐기하고 방위장비 이전 3원칙을 제정함으로써 집단적 자위권 행사를 용인과 동시에 일본의 전수방위정책 등 안보정책의 대변환이 시작되었으며 현 기시다 정권에서도 무기수출 대국으로의 첫 발걸음을 내딛기 시작했다고 할 수 있다.

기술적 우위 확보의 방위기술 전략

일본은 2016년 8월 향후 20년간 무기체계 개발 방향성을 나타낸 방위기술전략을 처음으로 책정하였으며 2022년 12월에는 각의 결정을 통해 안보 3문서(국가안보전략, 국가방위전, 방위력 정비계획) 개정을 공포하였다. 이처럼 일본 정부는 방위장비 수출 규제완화정책을 통해 방산수출 활로를 개척하고 각종 국제 방산전시회에 국산품 출품과 방산 수출을 적극 홍보하고 있다.

한편, 일본은 북한의 핵·미사일 개발과 중국 해·공군력의 활동이 활발해지고 러시아군의 근대화 등 인도-태평양지역에서의 안보 불안정 요인이 첨예화되고 있다고 판단하여 기술혁신과 더불어 게임체인저가 될 수 있는 최첨단 군사기술의 신속한 보유를 위해 연구·개발에 주력하고 있다. 또한, 일본은 방위력의 기반인 기술력을 효과적·효율적으로 강화하기 위해 기술정책 목표를 제시하기 위한 방위기술전략을 책정하여 안보환경의 변화에 따른 과제와 목표를 설정하고 이를 달성하기 위해 전략적으로 취해야 할 각종 시책의 기본적 방향성을 제시하였다.

이 방위기술전략은 미래 방위계획대강이나 중기방위력 정비계획의 책정의 기초가 되는 문서로 두 가지 큰 목표를 정하고 있는데 먼저, 기술적 우위의 확보이다. 일본의 높은 경제력·기술력을 바탕으로 기술적 우위를 확보하여 방위력 강화에 직접적으로 기여하면서 국제 공동 연구·개발을 실시하는 경우에도 활용하는 것이다. 둘째는 우수한 방위장비품의 효과적·효율적 제조이다. 방위장비청 주도로 각 자위대 등의 운용요구에 합치하는 고도의 방산장비를 만들고 고도화·복잡화에 따른 연구·개발비를 포함한 생애주기 비용의 상승을 염두에 두고 방위력 정비상 우선순위와 정합성을 확보하면서 우수한 방위장비품을 효과적·효율적으로 만들어 나가는 것이다.

구체적으로 살펴보면, 자국과 다른 나라의 기술정보를 파악하고 뛰어난 장비품을 만들기 위해 기술을 육성하고 국내개발, 국제 공동개발을 통해 실현 가능한 기술력 축적과 동시에 미래의 방위장비품 구상과 개발 로드맵을 제시하여 연구·개발해 나가고 있다. 향후 20년을 내다보며 방위장비품에 적용 가능한 기술의 진전 전망과 기술적 우월성 확보를 위해 확립해야 하는 기술 분야, 특히 중·장기적으로 중점 획득해야 할 목표로 게임체인저가 될 수 있는 선진적인 기술 분야를 발전시키기 위해 중·장기 기술견적을 책정을 목표로 하고 있다. 또한, 미래장비를 위한 연구·개발, 국내외 관계기관과의 기술교류 강화, 선진기술 발굴과 지적재산의 활용, 기술인재의 육성·확보, 적극적인 정보 발신, 재해·재난을 포함한 안전보장과 관련된 여러 과제들을 실현해 나가고 있다.

방위산업의 국산화와 방산 수출

일본의 교도통신 발표에 따르면, 2024년 국가회계연도 예산을 112조 5,717억 엔(약 1,040조 원)을 편성했으며, 이 중 방위비는 전년대비 16.5%가 증가한 7조 9,496억 엔(약 78조 원)으로 2020년 5조 3,133억 엔(55조 원) 대비 매년 연속적으로 최대치를 기록하고 있다. 이는 북한

해상자위대 훈련함 카시마함

의 미사일 도발과 급속한 군비 확장을 추진하는 중국에 대응하여 이지스함 건조, 미사일 개발 및 남서제도 방위를 염두에 둔 증액이라고도 보도했다. 일본 정부는 2022년부터 방위비 대폭 증액을 추진하여 2027년까지 5년간 총 43조 엔을 늘리는 내용의 국가안보보장전략(NSS) 등 안보 3문서를 개정했다. 계획대로 예산이 편성된다면 2027년에는 미국과 중국에 이어 세계 3위의 군사대국으로 등극할 전망이다.

한편, 일본의 방산정책의 핵심은 독자개발, 공동개발 및 생산, 방산수출 확대에 중점을 두고 있으며 이를 위해 방산 제도 개선, 조직보강, 민간 기술협력 등 국산화 정책을 적극 시행하고 있다. 특히 미국, 영국 등과 요격미사일 등 20여 건을 공동 연구·개발하고 F-35, SM-3 등 주요 최신무기를 조립생산하고 있다. 이를 바탕으로 기술력 확보와 기술이전, 전력 무상 제공 등 방산 수출 시장 확보를 추진하고 있다.

일본의 방위산업에 참여하고 있는 업체는 약 만여 개로 방위성에서 제시한 조달 기준으로 방산업체 상위 20개 업체가 자지하는 비중이 전체 연간 조달 예산의 56.5%를 차지하고 있다. 이는 일본의 방위산업을 미스비시중공업 등 주요 방산업체가 대부분 차지하고 있다는 방증이다. 이를 기반으로 필리핀, 인도네시아, 베트남 등 동남아시아 국가들과 호주 등을 대상으로 활발한 방산외교활동을 전개하고 있다.

일본 방위산업의 특징은 미일 동맹을 기반으로 최첨단 무기수입과 공동생산을 활발히 진행하고 있다는 것이며 특히, 최근에는 우주·사이버·전자파 분야에 집중 투자하며 관련 전력의 획득과 방산협력을 적극적으로 추진하고 있다. 그러나, 일본의 방위산업은 기존 국산화 유지 및 연구는 활성화하고 있으나 첨단무기 수입이 증가하면서 국내 방위산업이 침체되고 혁신적인 무기개발·생산은 미진한 한계점이 노출되었다. 또한, 무기수출 3원칙 발표 이후 실전에 활용되는 사례가 부재하여 세계시장에서의 방산 국제신용도가 낮아 방산수출이 미흡한 실정으로 해외시장 개척을 위한 노력을 집중하고 있다.

그러나, 해외 방산수출은 말처럼 쉽지 않다. 특히, 함정이나 잠수함 등 완제품의 수출은 힘든 과정이며 일본의 호주 차기잠수함 수출 시도 실패가 대표적인 사례이다. 호주는 2015년 콜린스급 잠수함 6척을 대체하기 위해 12척의 재래식 잠수함을 도입하는 44조 원 규모의 대형 프로젝트인 '미래 잠수함 프로그램의 획득전략과 경쟁평가'에 프랑스, 독일 그리고 일본을 초대했다고 발표했다. 당시는 아베 총리와 오바마 대통령의 밀월시대로 미국의 응원을 받은 일본의 수출이 기정사실화되는 분위기였다. 그러나, 소류급 잠수함이 호주 작전환경에 부합하는지와 현지생산이냐 라이센스냐 등의 방법론에 부정적인 의견이 높아지면서 처음으로 해외 방산수출을 하는 일본의 현지 사업파트너나 부품공급업체와의 연결 등 사업관리 능력과 경험 부족이 드러나면서 프랑스의 바라쿠타급으로 변경되었다. 이후, 도입비용의 증가와 고용창출 등의 부정적인 국내여론을 고려해 사업이 지지부진하다 최종적으로 콜린스급 잠수함의 수명연장을 선택했고 미국의 핵잠수함을 도입하는 방향으로 결정되었다. 이처럼 해외 방산 수출은 장비품의 성능과 기술력, 생산능력, 금융지원, 외교력과 인프라, 노하우 등이 총합되어야 성공할 수 있는 쉽지 않은 산물인 것이다.

지상장비 연구·개발

일본의 육상자위대는 냉전시기 구소련의 남하정책을 방비하기 위해 북방의 홋카이도를 중심으로 전력을 배치하였으나, 중국의 군사력 증강 등 안보환경이 변화함에 따라 안보의 위협축을 남서제도를 중심으로 한 큐슈지방으로 전환하는 등 대응전략을 마련하면서 전력증강에도 지속 노력해 나가고 있다. 또한, 2015년 방위장비청을 설

육상자위대 전차 사격훈련

립하여 여러 국가들과 방위장비·기술협력을 강화하고 있으며, 지휘체계를 확립하기 위해 육상총대를 창설하였으며, 우리 군의 합동참모본부와 유사한 통합사령부를 창설하기 위한 작업을 진행하고 있다. 육상자위대는 2018년 3월 남서제도 방위력 강화를 목적으로 수륙기동단(일본판 해병대)을 창설하였으며 관련 장비편제를 보강해 나가고 있는 바, 지상장비 연구·개발도 진행 중이다.

먼저, 육상자위대의 수륙양용 관련 장비는 기존 장갑차 기술을 활용하여 미래 수륙양용기술 연구를 미일 공동으로 실시 중이며, 연간 50억 엔 이상의 예산을 책정하여 각종 연구를 진행하고 있다. 수륙양용차는 기존의 대구경 105mm포를 탑재, 주행간 전방위 사격이 가능한 16식 기동전투차의 전투차량과 사격통제장치를 장착하여 높은 명중정밀도를 지닌 10식 전차의 성능을 바탕으로 개발 중이며, 엔진도 3,000마력급의 고출력 엔진을 탑재하기 위해 연구 중에 있다. 또한, 미래에는 산호초 등을 넘어 도서부에 상륙하기 위해 추력이 되는 워터제

트와 구동력이 되는 무한궤도를 동시 사용하는 수륙양용차를 만들기 위한 연구도 진행 중이며, 기존의 육상 영역에 수상 영역을 포함, 수륙환경에서 차량의 기동성능 등을 향상하기 위한 연구도 진행 중이다. 이러한 연구는 육상 영역의 차량 시뮬레이션 기술에 추가하여 수상 영역에서 차량의 성능예

육상지위대 기동화력 시험

측, 분석 및 평가가 가능한 차량용 다종환경 시뮬레이션을 통해 차세대 차량 구상 및 기존 차량의 개량·개선 소요를 창출할 시뮬레이션 시험평가 기술 확보도 병행 추진하고 있다.

한편, 지상 전개한 목표에 대해 대처능력이 있는 도서방위용 유도탄과 항모, 구축함, 미사일함, 상륙주정(舟艇) 등 여러 함정에서 활용할 대지·대함 무장의 탄두기술 개발관련 연구도 진행 중이다. 2015년에서 2017년까지의 연구시제품은 항모 비행갑판 격파를 목표로 한 시버스타 탄두와 지상전개 목표의 일정 범위를 제압할 목적으로 만든 고밀도 EFP(Explosively Formed Projectile, 폭발성형탄) 탄두이며, 2016년에서 2018년까지의 연구 시제품으로는 강한 충격에도 버틸 수 있는 시버스타 탄두의 신관부 시제품을 제작하였다. 이러한 탄두 기술은 시뮬레이션의 정밀화와 설계 효율화를 거친 후 향후 유도탄 개발에 반영할 계획이다.

장륜 155mm(19식 장륜자주 155mm) 유탄포는 155mm 유탄포 FH70 후속으로 야전포병부대에 배치하여 각종 사태 시 광역에서 신속히 기동함과 동시에, 원거리 화력발휘를 통해 적 부대 등을 격파하기 위해 개발하고 있는 포이다. 유도탄 개발은 2013년부터 2018년까지 6년간에 걸쳐 3단계로 나누어 시제하였고 주로 시스템 설계와 신규 설계부분의 시험장치를 제작하고, 이후 화포와 장륜차량 조립 및 시스템을 보강하여 장륜 155mm 유탄포(Ⅰ형)을, 최종적으로 시스템

장륜 155mm 유탄포 시험발사

최적화를 위한 장륜 155mm 유탄포(Ⅱ형)을 제작에 활용하고 있다. 향후, 장륜 155mm 유탄포는 조기 장비화를 목표로 트럭 베이스의 장륜차량을 장비품으로 성립시키면서 사격에 따른 발사반동 및 충격반동의 양방억지로 중량, 비용, 성능의 밸런스를 만족시켜 양산해 나갈 예정이다.

이 밖에도 다목적 자율주행 로봇 기술은 비대칭 전술이나 국제평화협력 활동 등에서 정찰, 경계, 물자수송 등 다양한 임무에 사용 가능한 자율주행 로봇제작의 핵심기술로 활용할 계획이다. 이러한 자율주행 차량은 대원의 피해 극소화 실현에 매우 유효한 수단으로 무인차량을 포함하여 '육상발진 무인기'를 정지장애물 회피 등의 기능을 탑재하여 자율주행할 수 있도록 연구를 진행 중이다. 또한, 여러 동력원을 병용함으로써 기동성과 스텔스성을 양립하는 시스템으로 해당 시스템을 이용한 차량이용을 위한 하이브리드 동력시스템 연구, 교외지역과 도시부에 부설된 IED(Improvised Explosive Device)의 위협으로부터 요원과 차량 방호를 위해 IED 부설위치를 탐지하는 IED 주행 중 탐지기술 연구, 대규모 재해로 인해 하천, 협곡 등에 자연장애가 발생하거나, 도시부에 둑으로 막힌 수로, 대전차호 등 인공장애가 발생 시, 피해지역 복구지원을 위해 신속하게 가설 가능한 미래형 경량교량 기술연구 등도 진행 중이다.

또한, 재해파견 임무 시, 대원이 휴대 장착하고 있는 장비품의 중량을 받쳐 주고, 걷거나 달리는 등의 동작도 가능하게 하여 모래땅이나 산악지대 등 정비되지 않은 지역에도 대응이 가능한 고기동 파워슈트(강화복) 연구, 전시에 적을 살상하기 위한 목적으로 하는 병원균 및 독물인 생화학무기와 유사시 이외에도 지하철 살인가스사건, 미국 탄저균사건, 화학무기를 사용한 암살미

고기능 파워슈트 착용 모습

수 및 암살사건 등 유해물질을 이용한 공격에서 생명을 지키기 위한 연구는 화학, 생물학 등의 이학적 관점과 전자, 기계, 재료 등의 공학적 관점에서 CBRN 위협에 대한 기술 연구 등을 추진하고 있다.

마야급 이지스함 취역식

국제정세의 변화에 따라 해상자위대의 역할은 더욱 증대되어 함정 척수를 포함한 전력증강의 소요도 증가되고 있다. 함정 설계는 기본적으로 요구성능, 예산항목 작성, 기본 계획, 기본설계, 상세설계 순으로 진행되는데 특히, 최근에는 내파성과 내구성을 더욱 향상하면서 인력 획득 여건 악화를 고려, 최소한의 승조원이 운용 가능한 함정을 설계하고 있다. 특히, 2018년부터 계획된 FFM 30형 호위함은 다양한 임무에 대한 대응능력을 향상시킴과 동시에 선체를 소형화한 새로운 함정으로 각종 임무기능과 기뢰전기능 양립, 다양한 신규 장비품·개발품 및 USV 탑재를 시작으로 하는 신기축의 최대능력 발휘를 목표로 건조되고 있다.

해상자위대는 일본의 광활한 배타적경제수역을 경계하기 위해 호위함에 대잠수함 능력이 강화된 함정을 건조하고 있으며 이들 호위함에는 성능이 향상된 대잠장비를 탑재하고 있으며 관련 기술을 지속 연구하고 있다. 특히, 최근 다수

무인자율 수중 탐지 장비품

함정이 사용하고 있는 광대역 송수신파 중 연속적 송수신을 통해 목표탐지 기회향상을 도모하는 충격방지용 레이더 등에 널리 이용되는 FM-CW방식(Frequency Modulated Continuous Wave)을 응용한 능동소나의 성능확인시험과 탐지거리 등을 확인하는 연구를 실시하고 있다. 이는 주파수 광역화와 광대역 빔 포밍 기술, 그리고 표적에 관련된 많은 계산변수(Parameter)를 설정하여 계산량을 줄여 최적변수를 적용한 대잠탐색이 가능하도록 연구를 진행 중이다. 한편, 수동소나는 수중목표(잠수함 등)가 내는 소리를 탐지해 목표의 종류와 방향을 측정하는데 최근에는 각국 잠수함의 저소음화(靜肅化)로 기존 탐지 대상인 일정 주파수 대역에 집중한 정상 음원 탐지가 어려워짐에 따라 소나대상 주파수 광역화로 새로운 음원을 탐지할 필요가 높아졌다. 연구에서는 화상 노이즈 제거를 이용한 압축센싱 기술을 소나에 적용한 압축정상(整相)처리를 통한 광역화 성과를 나타냈다. 또한, 수중음향통신을 이용한 광범위한 디지털 수중음향통신 네트워크 실현을 위해 수중통신장치 시제품(5대)을 제조하여 시험을 실시하고 있는데 향후 네트워크 구축을 통해 잠수함 및 UUV, USV의 대잠전 능력을 향상시키고 잠수함 및 수상함의 수중통신기, UUV 원격조작 등의 수중장비품에 적용될 것이다.

일본은 열도 주변의 경계감시 및 정보 수집뿐만 아니라 해적 대응 활동을 포함한 해외파견 활동을 통해 해양 안전확보 및 질서유지에도 심혈을 기울이고 있다. 이에 따라 장시간 작전운용이 가능하고 기뢰 및 MAD(항공기용 자기탐지기) 등의 위협에 대한 연구도 진행 중인데, 코일에 흐르는 전류의 크기 및 소자 코일의 의장배치 결정을 통해 선체에서 발생하는 자기(선체자기)를 설계단계에서 줄이는 연구를 진행 중이다. 앞으로 소자계산 프로그램을 통한 결과를 실제 데이터와 비교하여 소자계산 프로그램의 정밀화를 추진하고 코일 배치 위치검토에 대한 설계 데이터 학습을 통해 AI화를 목표로 연구를 진행시켜 AI화를 통해 코일에 흐르는 전류와 코일 배치위치를 최적화하여 함정 설계단계부터 정밀도가 높은 의장설계가 가능토록 추진할 예정이다.

수중무인항주체(UUV)는 미래 수중전에 있어 게임체인저 기술로 기대된다. 함정장비연구소도 감시임무 및 수중기기 부설임무 등 장기간 운용을 상정한 장기운용형 UUV 실현을 위해 관련 기술연구를 추진하고 있다. 장기운용형 UUV의 실현에는 무인 상태에서 장기간 안정된 발전이 가능한 동력부가 필요하며, 연료전지는 체적에너지 밀도가 높아 장기운용형 UUV 동력원

의 유력한 수단 중 하나이다. 그러나, UUV
에 연료전지를 설치하기 위해서는 고효율발
전 무인 자동제어를 통해 실현할 필요가 있
기에, 일본의 함정장비연구소는 장기운용형
UUV에 탑재를 상정한 연료전지 발전시스
템의 육상시험장치를 시험제작하여 연구하
고 있다. 초기에는 대형 UUV의 장기운용을
상정한 30일간 연속항해가 가능한 연료전

수중무인항주체 시험운용 장면

지 발전시스템을 검토하여 기본 설계하고 이 결과를 기초로 발전시스템 능력, 발전제어, 연료
전지 내의 불순물 처리 등을 확인할 수 있으며, 발전시스템의 육상시험장치를 설계하여 시제
작을 만들었다. 이 장기운용형 UUV 연료전지 발전시스템은 연료전지장치, 2차 전지, 보조 기
제류 및 기타 전용 시험장치 등으로 구성되어 있다.

자위대 합동화력 기동훈련

이 밖에도 함정에 기존의 강화유리 대신 방탄유리를 장착할 필요성이 높아짐에 따라 수상
함정 장착 방탄유리 연구, 함정에 장비하는 전기기기의 충격 내구능력을 향상시키기 위한
NDS 방진고무연구와 동일본대지진 해일 시 대량의 건물이 파괴되면서 생긴 다량의 잔해, 차

량, 선박 등이 표류하여 시가지뿐만 아니라 자위대 시설에도 매우 큰 피해를 입은 사례를 고려해 광역해일 표류물 시뮬레이션을 통한 표류물 충돌량 추정 연구를 진행 중이고, 또한 함정의 장기임무수행능력을 확보하기 위해 승조원의 생활과 관련된 식량, 진수(청수), 폐기물, 생활배수, 거주 관련 의장에 대한 연구를 실시하여 미래 함정설계에 반영하여 체양능력 향상을 도모해 나갈 예정이다.

항공체계 연구·개발

일본 항공자위대는 전투기 관련 기술의 축척·고도화를 도모하기 위해 항공장비연구소를 중심으로 다양한 연구 중에 있다. 특히, 전투기의 동체 구조 관련 핵심 기술인 경량화 기체구조 및 유도탄 내장 베이시스템을 연구하고 있으며 경량화 기체구조는 복합재 부품을 접착성형으로 결합하여 복

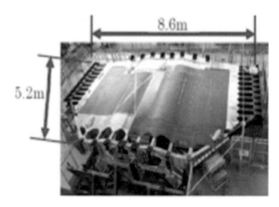

전투기 동체 부분 구조 공시체

합재 적용부위 확대와 금속제 볼트(파스나)의 제감을 도모함으로써 구조중량 제감을 목표로 하는 일체화·파스나레스 구조 기술, 열 차폐 성능에 뛰어난 부품을 엔진 주변에 배치함으로써 엔진 주변의 구조 부재를 종래의 무거운 내열합금에서 경량인 복합재나 알루미늄합금 등으로 변경, 기체구조의 경량화를 도모하는 히트실드 기술, 모델작성 규칙 및 파괴판정 규칙을 정한 차세대 항공기 구조 해석 기준을 작성하는 고효율·고정밀도 구조 해석 기술 등을 연구하고 있으며, 유도탄 내장 베이시스템은 전투기의 동체내부에 유도탄을 격납하기 위한 베이시스템 관련 연구로써 웨폰릴리스 스텔스화 연구를 실시하고 있다. 유도탄을 동체 내 베이에 격납함으로서 저항이 감소하여 보다 고속으로 비행 가능하고, 레이더파 반사억제로 스텔스성을 향상시킬 수 있는 2개의 이점이 있다. 현재까지는 고속기류 중에서 유도탄 분리특성을 취득하기 위한 풍동(風洞)시험과, 시험 제작한 발사부분을 이용한 더미 스토어의 사출 시험

을 실시하고 있다.

미래 전투기용 엔진실현을 위한 연구는 2010년부터 스텔스, 고속성능 및 고운동성 부여를 위해 기체의 저항·저감만이 아니라 15톤급 추력과 슬림형태의 전투기용 엔진(XF9) 시험을 진행하고 있고 2018년 7월부터 주식회사 IHI 미즈호 공장에서 XF9(15톤급 프로토타입 엔진)의 성능확인시험을 실시하였으며, 애프터버너(이하 'AB'라 한다)

전투기용 엔진(XF-9)의 시운전 상태

비작동 시 추력 11톤 이상, AB 작동 시 추력 15톤 이상의 성능 실증에 성공하였다.

한편, 항공탄 개발 연구도 진행 중으로 공대함유도탄(XASM-3)은 80식 공대함유도탄(ASM-1) 및 93식 공대함유도탄(ASM-2)의 후속으로 F-2에 장착하여 고성능 대공화기가 탑재되어 있는 적 전투함정에 보다 효과적인 대처가 가능할 것으로 기대하고 있다. 탑재기 F-2가 적 SAM(대공유도탄) 사거리 또는 레이더권 외곽에서, 사격한 기체의 스탠드오프를 확보하면서 원거리(장사정) 고공, 근거리 저공 순항하여, 목표를 seeker로 유도하여 명중함으로써 표적함정을 무력화하며, 초음속기에서 사용하여 유도탄의 피격추율을 저하시킨다. 적의 전파식별 기능을 가지고 있으며, 위협도가 높은 함정을 선택하여 공격 가능한 시스템도 가지고 있다.

이 유도탄은 2010년부터 2016년까지 개발 시험 제작, 2013년부터 2017년까지 기술 시험, 2017년에 실용시험을 실시하였다. 기술 시험에는 시험 제작한 ASM-3의 성능이 설계에 적합한지 아닌지를 평가하기 위해 구성품의 세부항목에서 시스템 전체까지 단계적으로 확인하였다.

신공 대함유도탄(XASM-3) 시험발사 장면

스텔스성을 중시한 전투기 및 장사정화를 도모한 유도탄 등의 개발도 진행되고 있는데, 전투기 내부에 장착 가능한 크기로 고속화·장사정화를 도모한 미래 중거리 공대공유도탄 실현을 위한 기술 확립을 목적으로 2014년부터 영국과 공동으로 연구를 진행하고 있다. 첫 단계에서는 기술적 실현가능성을 확인하였고, 두 번째 단계에서는 공대공유도탄의 유도성능 등에 대해 시뮬레이션을 활용하여 보다 상세한 검토를 진행하였다. 현재 진행 중인 세 번째 단계는 2018년부터 일본 측 제조의 소형·고성능 전파 seeker 시제품과 유럽 6개국(영국 주도)이 공동 개발한 Meteor(ducted rocket engine을 탑재한 중거리 공대공유도탄)를 조합한 연구용 시제품 유도탄을 가지고 영일 공동으로 실사시험 등을 계획하고 있다. 일본의 우수한 소형·고성능 전파 seeker에 관한 기술을 활용하여 환경조건, 치수 등 체약이 엄격한 전투기 내 유도무기 내장화가 가능한 중거리 공대공유도탄 연구를 진행하고 있다. 또한, 탄도유도탄이나 고고도 고속CM(Cruise Missile) 등 고속 위협이나 스텔스기 등의 경공 위협에 대해 적외선 seeker(센서, 광파돔, 광학계로 구성)를 탑재한 SAM(대지공유도탄)이나 AAM(공대공유도탄)에 대응하는 광파 돔을 사용한 대공유도탄도 연구하고 있다.

방공무기는 포화공격 등의 다양한 위협에 대해 종래형의 사격단위(Firing Unit : FU)를 기본으로 하는 방어는 어렵다. 따라서, 네트워크를 주체로 각종 플랫폼을 연결하여 방어범위 및 위협 대처능력을 유연하게 대응하는 분산형 방공시스템에 대해 연구하고 있다. 방공시스템을 구성하는 레이더, 사격통제 장치, 발사기, 유도탄 등의 간이적인 모델을 이용해 시뮬레이션을 실시하고, 단독형·집중형 및 분산형 방공에 대한 시뮬레이션을 실시함으로써 방어능력을 비교하였다. 또한, 즉응성 및 처리부하에 대한 방어능력에 대한 영향을 고려하여 회선속도를 파라미터로 하는 시뮬레이션을 실시했으며, 각각의 방송방식에서 회선속도를 변화시켜 유도탄이 위협목표에 도달할 수 있는지에 대한 퍼포먼스 변화를 방어능력으로써 평가했다. 분산형 방공시스템에 관한 구상검토도 시뮬레이션을 통해 네트워크의 회선속도에 대한 영향을 비교, 분산형 방공시스템의 유효성을 확인하였으며, 향후 유도탄 및 레이더의 성능 등 복합적 요소의 영향을 고려한 연구를 진행할 것이다. 또한, RCS(Radar Cross Section, 레이더 반사단면적)화, 소위 전파 스텔스화된 항공기나 순항유도탄을 연구·개발하고 있는데, 추적개시 거리를 연장을 위한 예측형 목표검출처리로, 보다 짧은 시간에 정확한 종말 유도를 하기 위한 예측형 최적유도 제어라 불리는 2종류의 기술에 대해 미래의 대공유도탄 개발 사업에 적용하는 것을 목적으로 저RCS 대처유도탄 유도 제어기술도 연구 중에 있다.

이 밖에도 로켓모터 제조방법을 근본적으로 변경하는 고성능화 연구를 진행 중인데 이는 종래의 '모터 케이스를 제조한 후 추진제를 주형하여 모터 케이스 내에서 추진제를 가열 경화하는' 방식에서, 단열제를 시공한 복수의 추진제 세그먼트를 제조한 후, 이를 접합한 멀티세그먼트를 제조하여, 멀티

아파치(AH-64) 실사격 훈련

세그먼트 위에 직접 수지를 침투시켜 탄소섬유를 감아 수지를 경화(FW(Filament Winding) 기술)시키는 기술이다. 또한, 가스터빈 엔진보다도 높은 열효율과 엔진의 소형화가 기대되는 로테이팅 디토네이션 엔진연구, 전투기 파일럿 등 가혹한 환경 속 신체·인지적 부담계측 평가기술, 버티고 상태에서 시각, 전정감각 및 체성감각에 의해 자신의 위치 및 자세를 올바로 인식할 수 있도록 하는 항공의학실험대 공간식 훈련 관련 연구 등도 진행하고 있다.

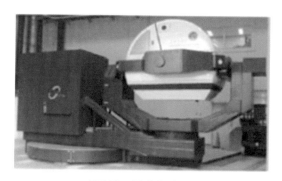

공간식 조종사 훈련장치

우주 관련 연구·개발

2019년 8월 일본 방위성은 「연구개발 비전 다차원 통합 방위력 실현과 그 이후」를 발표하였는데 미래 통합운용에 있어 중요할 수 있는 기술 등에 대해 전략적 시점에서 중·장기적인 연구·개발의 방향성을 제시하였다. 또한, 2018 방위계획대강에서 기술기반 강화와 관련 새로운 영역에 관한 기술 및 인공지능 등의 게임 체인저가 될 수 있는 최첨단 기술을 비롯한 중요

기술에 대해 선택과 집중에 의한 중점적인 투자를 실시하는 동시에, 연구·개발 프로세스의 합리화를 통해 연구·개발 기간의 대폭적인 단축을 도모한다고 명시하였다.

이를 달성하기 위해 향후 일본 방위에 필요한 능력, 각 자위대가 계획하는 미래구상과 운용 필요의 이해를 통해 정책적 방향성을 바탕으로 기술시즈(seeds)와 운용니즈의 일치를 도모하고 실질적인 다차원 통합방위력의 실현과 미래를 향한 최첨단 기술의 조기 획득을 추진 중에 있다. 특히, 우주를 포함한 광역상속형 경계감시, 사이버방위, 전자파 영역과 같은 새로운 영역에 필요한 능력의 획득·강화를 추진하고 수중방위 및 스탠드오프 방위능력을 강화하는 연구·개발 비전을 책정하였다. 즉, 우주를 포함한 광역경계감시에 필요한 전자파 및 광파 감지기 기술을 연구하고 위성 및 무인기 등의 무인 플랫폼 활용을 고려, 광역에서의 상시적인 경계감시의 실현을 목표로 한다. 또한, 사이버, 전자파 영역, 수중방위, 스탠드오프 방위능력 등 다차원 통합 방위력 실현을 위한 노력을 집중하고 있다. 안전보장과 관련된 우주 영역의 이용은 경계감시, 정보수집을 위한 화상·전파수집, 위성 및 조기경보위성, 원거리 소재는 부대와의 통신을 위한 통신위성, 각종 비플의 정확한 설치위치 파악을 위한 측위위성 등에 활용되고 있으며, 우주공간을 적극적으로 활용하기 위해 위성 개발과 발사를 통해 군사적 우위확보를 도모하고 있다.

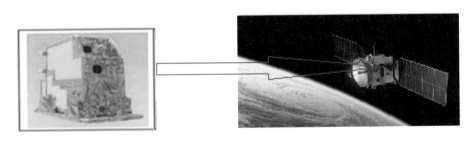

위성탑재형 2파장 적외선 센서 운용도

한편, 방위장비청은 2019년 8월 발표한 우주를 포함한 새로운 영역에서의 능력 획득 관련 대책을 제시하였고 전자장비연구소에서는 우주를 포함한 광역상속형 경계감시 대응 일환으로 국립연구 개발법인 우주항공연구개발기구(이하 JAXA)와 협력하에 위성탑재형 2파장 적외선 센서의 연구를 실시하고 있다. 또한, 우주에서 적외선 영상데이터를 수집하여 탄도미사일 발사탐지와 정보수집·경계감시 기능에 대한 적외선 센서의 활용 가능성 연구를 시작하였다. 2파장 적외선 센서는 두 개의 파장역을 동시에 탐지할 수 있는 탐지식별능력이 뛰어난 감지기로 이 감지기를 위성탑재형으로 연구시험 제작하여 2020년에 선진 광학위성에 탑재, 우주로 발사하였고, 향후 약 5년간 우주공간 지표 부근에서 방출되는 적외선 관측을 실시할 계획이다. 위성탑재형 2파장 적외선 센서 운용은 양자 도트형 적외선 감지소자인 2파장 QDIP(Quantum Dot Infrared Photodetector, 양자 도트형 적외선 탐지소자의 약어) 감지기를 통해 적외선역과 중적외선역을 하나의 감지기에서 검출할 수 있으며, 2개의 적외선 파장역의 특성의 차이를 이용한 높은 식별 능력이 기대되며, 우주용으로서의 실적이 있는 적외선 센서이다. MCT(Mercury Cadmium Telluride, 수은 카드뮴 텔루륨합금의 약어) 감지기를 같이 탑재하고 있어 2파장 QDIP 감지기와 비교평가에 사용하며, 열감지 위성탑재형 2파장 적외선 센서는 주야를 불문하고 지표 및 구름에서의 적외선에 더해 화산 및 산불 등 각종 열원에서의 적외선을 관측할 수 있다. 이러한 2파장 적외선 센서는 우주공간에서의 실증 평가를 함과 동시에 목표 및 배경의 광범위한 관측 데이터를 다양한 조건하에서 축적하여 2파장 융합 처리에 의해 클러터(clutter)를 줄이는 것을 포함한 목표의 검출식별 알고리즘 및 화상 해석기술의 연구를 실시할 계획이다.

이 밖에도 공기 흡입구에서 발생하는 경사 충격파로 압축한 초음속 기류에 연료를 분사·연소시켜 추력을 얻는 스크램 제트엔진 연구와 대공화기를 이용한 요격이 제한되는 고고도 초음속 활공기술 및 고정밀도로 목표에 도달하는 기술 등 요소기술을 확립하여 도서 간의 대지공격 등에 의해 화력을 발휘하는 고속활공탄 등을 연구하고 있다. 고속활공탄은 도서부를 포함하여 침공하는 적 함정 및 상륙부대 등에 대해 자위대의 안전을 확보하면서 침격을 저지하고 상대 위협권 밖에서의 대응과 높은 생존성을 확보하는 스탠드오프 방위능력에 우선적으로 필요한 무기체계로 인식되고 있으며, 격추율을 극소화하기 위해 다음과 같은 노력을 하고 있는데, 레이더 반사단면적(이하 RCS)의 낮춤은 위협대상의 대공레이더로부터의 포착가능성을 감소시킴에 따라 발사 후 로켓모터를 분리하여 전체길이를 현격하게 줄여 RCS를 줄이는 연구도 진행 중이다.

사이버 관련 연구·개발

방위성 및 자위대에서는 최근 급증하는 사이버 공격이 시스템과 네트워크에 영향을 미치며 효과적인 지휘통제와 정보공유를 방해하여 임무수행을 어렵게 만들기 때문에 사이버 공격이 발생했을 경우 신속한 상황파악과 대처를 통해 작전지휘에 필요한 시스템의 지속 운영과 피해확산 방지를 위해 사이버 공격대처 훈련과 사이버 공격 발생 후 운용 가능한 상태로 회복하는 능력을 구축하고 있다.

자위대는 사이버 공격에 대한 판단/대처 능력 향상을 위해 2013년에서 2017년에 걸쳐 기지에서 고속네트워크를 고정적으로 사용하는 **고정계 시스템에 대한 사이버훈련 환경 구축기술을 연구**하였고 2018년부터는 고정계 대비 저속인 무선 네트워크를 구성해 야외에서 운용하는 이동식 시스템 대상으로 이동식 사이버 훈련환경 구축기술을 연구하였다. 이 연구는 네트워크 속도에 제약이 있는 환경에서도 사이버 공격상황의 재현, 제어 및 정보수집을 실시하기 위한 기술도 검토 중이다.

사이버 공격 발생 후 운용 가능한 상태로 회복하는 능력은 2017년부터 중요 시스템의 계속적인 운용과 피해확산 방지를 위한 **사이버 피해회복기술을 연구** 중인데 이것은 사이버 공격으로 인해 중요 시스템의 피해가 발생하여도 시스템과 네트워크를 동적으로 제어하여 시스템의 계속적 운용과 피해확산 방지를 양립하기 위한 연구이다. 방위성·자위대는 각종 상황별 중요 시스템이 변경되고 여러 거점과 네트워크가 사이버공격의 피해를 받은 경우에도 계속 운용 가능한 제어가 필요하여 계속 운용에 필요한 시스템, 네트워크 제어를 실시하는 방법, 사이버 공격 등으로 제어장치에 손상이 있을 경우 제어기능을 유지하는 방법에 대해 설계를 추진해 나가고 있다.

이 밖에도 광대한 영역의 계속적 경계·감시시스템 구현을 위한 **합성레이더(SAR)**는 낮밤 없이 전천후 운용 가능하나 SRA 화상 영사 시 목표형상이 불명확하기에 판독에 걸리는 시간과 훈련이 부담이 되며 무인기 목표 포착을 위해 장애물 회피 방법과 루트설정 등 하나하나 기억시키는 노력에 한계가 있다. 따라서, SAR 화상의 목표분류와 이동목표의 포착 관련 연구 무인기 경계감시 자동화를 위한 기계학습 응용기술을 통해 경계감시 자동화 실현을 위해 연구도 지속 추진하고 있다.

전자전 연구·개발

최근 항공기의 스텔스화 및 순항유도탄 고속화 등에 의해 선박 및 지상 중요 방호시설에 대한 공격위협이 증대함에 따라 전자전의 중요성이 증가되고 있다. 이들 위협에 대해 종래의 대항 수단인 함(지)대공 유도탄 등에 의한 처리에는 목표의 발견에서 격파까지 처리시간이 짧기 때문에 방호가능 권역이 좁아진다. 따라서, 이러한 위협에 대처하기 위해 순간 대처성이 높고, 복수의 목표에 대해서도 반복 대응 가능한 고출력 레이저에 의한 방공시스템 구축이 필요하다. 자위대는 이러한 **방공용 고출력 레이저 시스템**을 실현하기 위해 이동하는 목표에 고출력 레이저 조사가 가능한 장치를 만들고 고출력 레이저 시스템 구축에 필요한 각 구성요소 기술을 바탕으로 목표에 조사 효과를 확인하는 미래 방공시스템을 연구하고 있다. 2010년부터 2016년까지 진행된 방공용 고출력 레이저무기에 관련된 연구는 각종 대함(지)유도탄 등에 대처 가능한 근접 방공시스템으로서의 능력을 갖춘 프로토 타입 시스템을 구축하였다. 앞으로도 출력 50kW급의 레이저 시스템을 이용 격리된 목표에 대한 조사효과를 확인하면서 정밀 추적 기술을 확보해 나갈 것이다.

한편, 레이더 기술의 발전과 더불어 안테나 기술연구도 진행되고 있는데 **플라즈마 스텔스 안테나 기술**이다. 기존의 안테나 모양도 일부 스텔스성을 갖출 수 있지만 전기적 제어로 성질 변화가 가능한 플라즈마 특성을 이용해 임시 제작한 플라즈마 안테나를 활용하여 도달한 레이더파의 반사량을 줄이는 기술을 연구하고 있으며, 항공기 안테나의 스텔스화를 목표로 추진하고 있다. 2017년에 임시 제작한 플라즈마 스텔스 안테나의 On 상태와 Off 상태에서의 RCS(레이더 반사단면적) 계측결과를 금속 안테나의 계측결과 Off 상태에서의 플라즈마 스텔스 안테나에 도달하는 레이더파의 저감 효과가 확인되어 활용을 추진하고 있다.

초수평선 광역감시 예측 외 레이더 연구는 수평선 밖에 존재하는 함선 및 항공기 목표를 조기에 탐지할 수 있는 예측 외 레이더를 광역상속형 경계감시의 실현에 필요한 기술로 전자장비연구소에서는 이 기술을 실현하기 위해 광역 해공역을 감시하기 위한 예측 외 레이더 시스템을 시험 제작해 야외의 레이더 실제운용 환경에서 탐지시험을 실시하고 있다. 즉, 단파대의 표면파 전반을 이용한 레이더 방식을 이용해 예측 외에 존재하는 수상선박 및 항공기 목표의 탐지·추적 실증시험을 실시하고 있으며, 향후 인공지능을 적용한 불필요한 신호억압처리 및

AIS(Automatic Identification System : 자동선박식별장치) 정보의 활용을 통해 MDA(Maritime Domain Awareness : 해양상황 파악)를 포함한 광역상속형 경계감시능력 향상을 연구해 나아갈 계획이다.

드론·UAS에 대응 가능한 **고출력 마이크로파 기술 연구는** 동시에 다수의 유도탄이 날아올 경우 기존의 장비만으로는 모두 대응하기 어려워짐에 따라 최근 성능 향상이 현저한 드론을 활용한 공격이 현실화되고 있으며, 유도탄에 비해 매우 저렴한 드론을 다수 이용한 공격위협도 예측되지만, 출현 예측이 어렵고 발견해도 이미 근거리에 접근하기 때문에 시간적 여유가 없을 가능성이 크다. 따라서, 최근 고출력 마이크로파를 조사하여 위협대상을 무력화하는 방법의 개발이 기대되고 있다. 고출력 마이크로파는 목표에 광속으로 도달하고 빔폭이 있어 명중률이 높다. 또한, 순간적 효과가 있으며 능동안테나 방식 사용으로 조사방향을 전자적으로 고속 주사시킬 수 있는 등 우위성을 가지고 있다. 또한, 탄수의 제약이 없어 저비용이라는 이점도 지니고 있다. 시제품으로 소형 고출력 TWT가 실현되어 설계대로 빔 형성, 출력, 고속빔 주사 등의 원리실증이 이루어졌으며 2020년에는 전파암실 내에서 조사대상을 변경해 고출력 마이크로파를 조사하는 실험하였고 향후 조기 장비화를 위해 출력의 향상과 장치 규모의 소형화를 위해 새로운 검토를 추진하고 있다.

이밖에도 육·해·공 자위대의 능력 향상과 통합운용을 고려한 차세대 데이터통신의 고속화, 고신뢰화, 상호운용성을 향상을 도모하고 있으며 향후 대역분산 다중화기술, 고신뢰 적응 통신기술, 데이터 공유화기술 등을 연구하여 차세대 데이터링크 시스템의 기능·성능을 확인할 예정이다.

제4장 미래지향적 한일 관계와 협력 방향

한일관계 개선을 위한 상호 노력

일본은 지리적으로 가까운 이웃국가이면서도 먼 나라로 역사가 기록된 이후 삼국시대 백제와의 교류협력과 문화 전래, 왜구의 노략질, 임진왜란과 일제강점기, 해방과 국교 정상화 등 일본과는 떼려야 뗄 수 없는 밀접한 관계로 오늘에 이르고 있다. 최근에는 강제징용문제, 위안부문제, 무역분쟁을 비롯한 독도영유권 주장 등 해결하기 쉽지 않은 문제들이 산적해 있고 갈등도 지속되고 있다.

한편, 한일 간의 민간교류는 급속하게 확대되어 2018년 한 해 한국인 750여만 명, 일본인 250여만 명이 상호 방문하였으나, 코로나-19로 인해 제한되었다가 최근 다시 방문이 증가하는 추세에 있다. 이러한 민간교류 확대에도 불구하고 한일관계의 근본적인 해결의 실마리는 쉽게 풀릴 기미가 보이지 않고 있다. 많은 전문가들의 분석도 한일관계의 근본적인 문제해결은 단시간 내 어려울 것으로 전망하고 있다. 이는 한일 양국 국민들이 갖고 있는 상대국에 대한 불신과 이해 부족, 그리고 국내정치 활용, 동북아 안보환경 등 복잡하고 다양한 요인이 상호 가로막고 있다. 먼저, 한국 내에서는 침략의 역사를 비롯한 일본에 대한 불신과 피해의식, 사과하지 않는 일본의 행태 등이 근본적인 원인이고 일본은 한국의 발전과 민주주의의 성숙을 인정하지 않고 과거의 한국을 바라보는 인식, 그리고 역사교육의 실종 등을 들 수 있다.

특히, 일본의 국내 정치체계와 일본인의 특성을 정확히 인식하지 못함에 따른 대응도 부족하다고 할 수 있다. 외형적으로는 한일 모두 동양인으로 유사하게 보이지만 일본인은 한국인과 많은 부분에서 다르다는 생각으로 접근해야 한다. 이는 일본의 역사에서 기인된 것으로 13세기 이후 심각한 국내 분쟁과 봉건적 환경 속에서 장기간의 전쟁과 무인들에 의한 지배체계

(쇼군과 영주, 사무라이 문화 등) 속에서 생존을 영위해 온 일본인, 그리고 유교문화권 속에서 문(文)과 도(道)를 강조한 한국인의 전통과 다름을 인정해야 한다. 또한, 정치적으로도 의원내각제를 채택하고 있는 일본과 임기를 보장하는 중앙집권적 대통령제를 채택하고 있는 한국과의 정치적 환경 차이는 다양한 갈등을 해결하는 데 중요한 요소가 된다. 예를 들어, 일본은 보수적 성향이 강한 자민당이 장기간 집권하고 있으며 자민당 내 파벌이 약한 이시바 정권은 지지율이 취약할 수밖에 없으며 한일관계에 다소 유화적인 이시바 정권이 출범하였지만 한일관계 개선에 적극적으로 나오기는 부담이 될 것이다. 또한, 일본인의 특성상 강한 자에게는 약하다는 것을 전제로 한국의 경제, 군사력이 더욱 강해진다면 일본은 먼저 협력을 강화하자고 제안할 것이다. 이것이 바로 국제사회의 냉혹한 현실이다.

이처럼 한일관계 개선을 위해서는 앞으로도 넘어야 할 산이 많으며 상호 이해와 시간이 필요하다. 즉, 한일관계 개선은 내부적으로는 양국의 국민들의 상호 이해, 요원한 듯 보이지만 역사적 반성, 상호 국익에 필요하다는 인식 등이 기반이 되어야 하며, 외부적으로는 국제정세, 북한의 핵과 미사일 위협대응, 중국의 팽창과 위협, 미국과의 동맹(한미, 미일동맹), 세계경제 환경 등이 중요한 요인으로 작용할 것이다.

국제사회는 시시각각 환경이 변화하고 국익을 위한 경쟁은 가속화되고 있다. 단시일 내 한일관계 개선을 위한 촉매 역할은 쉽게 보이지 않고 기존 갈등 문제와 대륙붕 협약 등 새로운 갈등요인이 산재해 있지만 양국이 관계 개선의 필요성을 상호 인식하고 김대중-오부치의 선언(1998년 10월, '일본이 과거 식민지배로 한국민에게 커다란 피해와 고통을 안겨 준 역사적 사실을 겸허히 받아들이고 통절한 반성과 마음에서 사죄한다'는 발표와 한일 파트너십 공동선언을 하고 공식 문서화)을 계승해 발전시키려는 국민적, 정치적 의지가 있을 때 한일관계는 성숙하고 발전할 수 있을 것이다.

일본의 방위정책 변화가 주는 시사점

일본의 방위정책 변화는 중국 해·공군의 급속한 팽창에 따른 주변 해·공역에서의 위기감이 증가하는 안보상황 속에서 긴박함을 고려해 방위계획대강을 10년→5년으로 단축 발표하고 매년 발간하는 방위백서에 위협국가를 중국-북한-러시아 순으로 재상정하면서 무역분쟁, 테러, 우주, 사이버 등 다양한 위협 증가에 대한 대응능력을 확충하고 내각부(NSS) 중심의 범정부적 협업과 총합적 대응을 추구하고 있다.

군사적으로는 동중국해 등에서 중국 공군의 활동이 증가함에 따라 최신예 전투기를 기지 등 동북지역에서 큐슈 등 남서지역으로 전환 배치하고 북한 및 주변국 미사일 위협에도 대응하고 있다. 또한, 노후된 지상감시 레이더 교체 및 차세대 감시레이더를 개발하고 경계감시 능력이 향상된 E-2D 항공기를 도입하고, CEC(동시교전)기능을 지원할 수 있는 '마야'형 이지스함과 연동하여 원거리에서 정보 제공하는 등 지상 및 공중 경계감시 장비를 지속 확충해 나가고 있다. 또한, 육·해·공자위대의 전력 증강은 물론이고 우주, 사이버를 포함한 다차원 영역에서의 방위력 강화에 집중하고 있다. 이는 공간과 지역을 횡단하여 종합적이고 복합적인 영역에서의 군사력을 운용하겠다는 것이며 각 영역을 담당하고 발전시킬 조직 신설과 작전에 필요한 능력을 확보해 나가고 있다. 육상자위대는 사이버방호대와 전자전부대를 창설하였으며, 최근에는 대만과 가장 가깝게 근접한 오키나와현 요나구니섬에 40여 명 규모의 통신감청 및 레이더 교란 임무를 수행하는 전자전부대를 창설하는 등 평시부터 대중 정보수집 능력 제고와 대만해협 위기상황 등 유사시 남서제도의 방위능력을 강화하고 있으며, 해상자위대도 전자정보부대를 확대 개편하고 항공자위대는 우주작전대와 우주영역기획반 등을 창설하였으며 우주상황감시체계, AI 적용 사이버대응, 전자전기 등을 개발하여 능력을 확충해 나가고 있다.

이를 종합하면, 일본은 미일동맹을 기반으로 대중국 대응전략을 표면화하고 우방국과의 군사협력과 동아시아 국가들과의 협력을 통해 영향력을 확장하고 쿼드(미국, 인도, 호주, 일본 4개국 비공식 안보회의체, quadrilateral security dialogue), 오커스(미국, 호주, 영국, 일본 4개국 정보공유회의체, AUKUS)를 연계하여 군사적으로 협력하며 육·해·공 자위대 전력의 통합성을 극대화하고 다차원 통합구상을 현실화하기 위한 노력을 집중하고 있다. 이러한 일본의 방위정책 변화와 자위대의 발전방향이 우리에게 주는 시사점은 크며 일본을 포함한 동아시아 안보지형 변화를 주목해야만 하는 중요한 시기라 할 것이다.

일본의 방산정책 변화가 주는 시사점

일본은 패전 이후 평화헌법과 1967년 사토 정부가 표명한 무기수출 3원칙에 따라 무기수출은 금지되었고 자위대에 국한하여 납품하거나 라이센스 방식으로 일부 부품에 한하여 수출하는 정책을 수행하였다. 그러다 아베 정권 때인 2014년 '방위장비 이전 3원칙'을 마련해 일부 허용했지만, 구난과 수송, 경계, 감시, 소해 등 방위장비의 수출 용도를 5가지로 제한해 살상무기 수출은 허용하지 않았다. 하지만 러시아와 우크라이나 전쟁의 장기화, 이스라엘-하마스 전쟁 등 안보환경이 급변하고 한국 방산업체의 급성장에 영향을 받으면서 일본은 2023년 방위지침을 개정하고 방산 생태계 재구축 의지를 나타내며 세계 방산시장에 적극 뛰어들고 있는 모습이다. 2023년 12월 '방위장비 이전 3원칙' 운용지침을 개정하여 일본에서 제조한 지대공미사일(PAC-2/30) 등을 미국에 수출하는 방식으로 우크라이나를 간접 지원하였고 2024년 3월에는 영국, 이탈리아 등과 개발 중인 6세대 전투기 수출을 승인한다는 방침을 정했다. 이로써 일본은 방위장비·기술이전 협정을 맺은 15개국에 전투기를 수출할 수 있게 되었다.

특히, 2024년 4월 10일 미일 정상회담을 통해 양국관계의 새로운 시대(New Era)를 선포하며 인도-태평양 지역에서 미국의 핵심안보 파트너로 일본의 역할을 크게 확대하고 방위산업 분야에서 획기적인 협력체계를 구축하기로 하였다. 한편, 2024년 4월 11일, 워싱턴에서 바이든 미국 대통령, 기시다 후미오 일본 총리, 페르디난도 마르코스 필리핀 대통령이 3자 정상회의를 개최하고 필리핀 철도, 항만 등 주요시설에 대한 투자, 반도체와 핵심광물 협력, 사이버 안보와 우주협력, 남중국해에서의 공동순찰 등을 합의했다.

이러한 일본의 움직임은 급변하는 안보상황과 더불어 방산시장에도 큰 변화가 예상된다. 그동안 세계 방산시장에 진출할 기회를 좀처럼 잡지 못했던 일본이 미국의 방산업체들이 생산속도나 비용 측면에서 뒤처지면서 중국을 견제할 해법으로 인식되고 있으며, 함정 건조나 정비 분야에서부터 일본과 협력을 강화한다면 우리 방위산업에 적지 않은 악영향을 미칠 수밖에 없을 것이다. 즉, 가까운 시일 내 세계의 중저가 방산시장에서 일본과의 경쟁은 불가피할 것으로 전망되며 이를 대비하기 위해 미국과의 협력은 물론, 방산시장에 대한 적극적인 대외 방산정책과 산학연을 포함한 현실적인 대안 마련이 시급하다 할 것이다.

이러한 일본의 방산정책 변화를 고려하여 2부에서는 일본 방산진흥회에 등록된 137개의 방위산업체 현황을 6개의 방산 분야별로 구분하여 업체별 사업내용과 주요사업, 방위성 수주 실적, 협력중점 등을 최신화하여 정리하였다. '知彼知己면 白戰不敗'이다. 일본 방위산업체가 무엇을 하고 있고, 어떤 분야를 잘하고 있는지를 알아야 협력할 분야를 식별할 수 있으며 또한 경쟁도 가능할 것이다. K-방산의 확장과 발전을 위해서 국익 관점에서 더욱 노력을 해야 할 이유일 것이다.

국방정책과 방위산업 발전방향

국제사회에서 힘의 논리에 의해 국익이 좌우된다는 것은 역사를 통해 입증되고 있다. 일본의 EEZ 확장과 해양안보전략의 변화는 일본열도에 둘러싸여 있는 한반도의 지정학적 위치를 고려했을 때 시사하는 점이 크며 2028년 대륙붕(7광구) 협정 종료 등 한일 해상분쟁 요소가 증가하고 있어 이를 대비할 우리의 국가안보정책과 해양정책의 보완이 어느 때보다 절실한 시기이기도 하다. 따라서, 일본의 방위정책 변화를 고려한 우리 군의 국방정책과 방위산업의 발전방향도 마련되어야 할 것이다.

먼저, 국방혁신 4.0과 연계하여 북한의 핵 위협과 도발에 대응하면서 다양한 위협에도 대응 가능한 새로운 전략개념을 정립해야 한다. 즉, 대북 위주의 위협대응, 합동성·통합성 개념을 넘어 영토, 공역(EEZ, SLOC), 우주, 사이버, 전자전 등 시공간 영역 개념으로 다양한 위협에 대응 가능한 개념으로 조기 전환하고 전방위 상황별 대응이 가능한 총합적인 정부조직 구성과 대응 매뉴얼을 보완해야 한다. 자위대의 질적+양적 변화는 결코 우리와 무관하지 않으며 국방혁신을 통해 군구조를 개편하고 실질적인 군사력 건설을 추진해야 할 것이다.

둘째, 한미동맹 강화를 전제로 전작권 전환과 연계, 신방위조약 체결 등 한미동맹의 전반적인 재정립이 필요하다. 이는 안보환경 변화에 부합토록 개정(1997년, 1999년)해 온 미일 방위협력지침(가이드라인) 사례를 참고할 필요가 있다. 또한, 실전적인 교육훈련을 위해 최대한 훈련 기회를 지속적으로 마련해야만 한다. 특히, 괌 등 한반도 역외에서 다양한 한미 연합훈련을 실시하고 다국 간 훈련에도 적극적으로 참가하여 동북아에서의 전략적·군사적 역량을 확보해 나가야 한다.

셋째, 안보환경 변화에 부응하기 위해 국민들을 대상으로 해양사상을 고취하는 노력과 더불어 EEZ를 포함한 해양경계, 해양조사 등에 민군 통합운영 등 협력을 포함한 중장기 해양정책과 대응전략을 수립해야 한다. 미래 한반도를 둘러싼 해양에서의 분쟁 가능성이 증가됨을 고려, 해군력 건설과 원해작전능력을 배양하고 해외작전기지 구축과 다양한 군사외교활동을 전개해야 할 것이다. 또한, 주변국의 해군력 증강을 견제하면서 우방국 해군과의 군사교류와 방산협력 강화도 필요하다. 2023년 일본의 반격능력 보유 관련 여론조사에서 찬성 59%, 반대 26%였다는 것은 2차 세계대전 이후 일본 국민들의 반전의식이나 전수방위에 대한 의식이 크게 변화되었음을 확인할 수 있으며, 일본 정부의 국민적 공감대 형성을 위한 노력의 결과임을 간과해서는 안 될 것이다.

넷째, 미래 첨단 과학기술군으로서의 역량을 조기 확보해야 한다. 대북 위주의 대응전략도 필요하지만, 미래 안정적인 국가안보를 담보하기 이해서는 급속히 신장되고 있는 주변국의 해·공군력 증강을 염두에 두고 미래지향적 관점에서 한국형 전투기(KFX) 개발 등 항공전력 확보, 공중기동수단 확충, 미래 한국형 항모 건조와 연계한 수상전투단 운용, 신속한 전력 전개 및 투사능력 확보, 정보자산의 확충과 활용능력 배양 등에 중점을 두고 역량을 확보해 나가야 할 것이다. 또한, 우주, 사이버, 전자전 등의 신영역 발전 관련 로드맵 구상과 작전능력 확보를 위해 관련 조직을 편성하고, 전문인력을 양성하고 기술연구와 협력 아이템도 시급하게 식별해야 할 것이다. 이러한 첨단 영역에서의 능력 확보는 미래전에서 승리를 보장하고 북한의 핵과 탄도미사일 위협에도 효과적으로 방어할 수 있는 게임체인저가 될 것이다.

다섯째, 지속가능한 K-방산을 위해 미래 지향적으로 방산정책이 변화해야만 한다. 앞서 언급하였듯이 일본은 최첨단 기술 개발과 무기체계 적용에 중점적으로 투자하고 있으며, 여러 가지 제도 변화를 꾀하고 있다. 반면, 우리나라의 방위사업 환경은 보안 문제, 기존 업무 관행 등으로 인해 최신 과학기술을 적시에 무기체계로의 적용이 비교적 더딘 편이다. 최신 과학기술을 다수의 무기체계, 나아가 K-방산에 적시에 활용하기 위한 첫걸음으로 방산기업에서의 설계 및 생산, 후속군수지원과 관련된 모든 데이터와 절차를 표준화하고, 현재 작전운용 중인 무기체계 플랫폼으로부터 획득한 데이터를 인공지능 등이 학습할 수 있도록 '데이터 축적 시스템'을 구축해야 한다. 신뢰성 있는 데이터를 확보하는 것은 선택이 아닌 필수인 시대가 되었고, 데이터를 기반으로 한 과학기술과 무기체계 획득 시스템이 갖추어지지 못한다면

K-방산은 결국 주변국에 뒤쳐질 수밖에 없을 것이다. 또한 전 세계적으로 유·무인 복합전투체계로 발 빠르게 전환되고 있는 지금, 무기체계 개발에 모듈화 전략 도입은 필수적이라 하겠다. 다수다종의 무기체계를 획득하기보다는 모듈화를 통해 하나의 플랫폼에서 여러 가지 임무를 수행할 수 있도록 개선이 필요하며, 소프트웨어 모듈에는 표준화와 공통 아키텍처를 적용·개발하여 하나의 모듈을 다수의 무기체계에 공통적으로 적용시킬 수 있도록 변화가 필요할 것이다.

여섯째, 국내 방산업체 간 과열경쟁이 아닌 방신품목별 컨소시엄 구성 등 협력체계 구축이 필요한 시점이다. 국내 방산업체 간 과열경쟁은 상생이 아닌 발전의 저해요소로 작용될 가능성을 배제할 수 없다. 각 업체가 보유한 방위산업 분야의 역량을 모아 K-방산이 지속적으로 성장할 수 있는 협력체계를 구축한다면 글로벌 경쟁력을 높이고 미래 전 세계 방산시장의 요구를 선도할 수 있을 것이다. 또한, 지속가능한 K-방산을 위해 무기체계의 수출도 중요하지만 MRO(정비, 수리, 분해조립/Maintenance, Repair, Overhaul) 사업에도 더욱 공을 들여야 할 것이다. 올해 미 해군참모총장 프란체티 대장은 미국은 본토에서 자국 해군 함정에 대한 MRO 물량이 포화 상태에 이르면서 일부 물량을 우방국에 위탁하는 방안을 검토 중이라고 언급하였으며, 카를로스 델 토로 미 해군성 장관은 방한 시 실제로 우리 조선업체를 방문하기도 하였다. 미국이 우리의 무기체계를 운용하는 것은 아니지만 MRO 시장이 얼마나 중요한지 유추해 볼 수 있는 대목이다. 다수·다품목이 탑재되는 무기체계 특성상 방산업체 간 컨소시움 구성은 MRO 사업에서도 반드시 필요하다 할 수 있다. 최초 구매 이후 수십년간 운용되는 무기체계의 특성상 안정적인 MRO 시장을 구축한다면 중·장기적으로 안정적인 매출을 기대할 수 있으며, K-방산의 든든한 기둥이 될 것이다.

일곱째, 국익을 고려하여 한일관계 개선을 위한 노력도 지속해야 할 것이다. 한일 간의 역사문제 등 많은 갈등 속에서도 최근 상호신뢰 회복과 미래지향적인 관계로의 발전을 위한 노력이 이루어지고 있지만, 앞으로도 다각도의 교류협력이 필요하다. 위드 코로나 시대 무비자 입국 등의 조치로 한일 간 인적교류는 하루 2만 명대로 복원되었고 앞으로도 한일 민간교류는 더욱 확대될 것으로 전망된다. 과거에 대한 정리는 미래로 나아가기 위한 발판이 된다. 그러나 과거에만 집착하여 미래로 나아갈 수 없다면 국익을 위해 안타까운 일이 아닐 수 없다. 협력할 분야는 적극 추진하고 해결해야 할 일은 차분히 대응해 나가야 할 필요가 있다.

최근 북한의 핵 고도화와 탄도미사일의 지속적인 개발은 한반도를 둘러싼 동북아 안보정세에 심각한 위협이 되고 있고, 이에 따라 한·미·일 연합훈련은 증가 추세에 있다. K-방산에 대한 국제적 위상이 높아지면서 한미동맹을 기반으로 한 상호운용성 증대를 위해 많은 분야에서 노력하고 있고, 한일 간에도 관계 발전을 전제로 방산협력 확대를 위해 긴밀한 인적교류를 포함한 기반을 마련해 나갈 필요가 있다. 글로벌 방산시장은 러시아-우크라이나 전쟁, 이스라엘-하마스 분쟁 등으로 더욱 활발해지고 있는 시기에 일본은 K-방산에 협력자가 될 것인지 경쟁자가 될 것인지는 우리의 안보정책 방향에 달려 있다고 할 수 있다.

마무리하며…

　일본의 방위정책은 미일농맹을 축으로 대중국 대응전략 기조하 동아시아에서의 영향력 확대와 개헌을 통한 보통국가, 군사대국화를 위한 노력을 지속할 것으로 전망된다. 이러한 일본의 변화 속에서 한일관계는 양국의 정치적 결단과 역사 문제를 포함한 갈등에 대한 국민적 이해 없이는 조기 해결이 어려울 것으로 예상되며, 앞으로도 신뢰 회복을 위한 노력이 필요하다.

　한편, 우크라이나 사태가 지속되고 있는 가운데 이스라엘과 하마스의 분쟁, 그리고 홍해에서의 푸티반군의 해상교통로 교란 등 전 세계는 불확실한 안보상황에 직면해 있으며 최근 중국의 신장과 군사력의 비약적 방전은 동북아를 넘어 동아시아, 서태평양에서 미국이 도전을 받고 있고 일본 자위대의 역할도 미군을 지원하는 주도-지원의 관계를 넘어 더 많은 역할을 요구받고 있다. 특히, 중국이 경제성장률보다 높은 7%대의 약 300조 원 이상의 방위비를 증강하면서 해·공군의 전력을 지속 증강하고 있는 현실은 주변국은 물론, 전 세계에 군비경쟁을 가속화시키는 요인이 되고 있다. 이에 일본도 과거와 달리 방위비를 대폭 증액하고 자위대의 전력 증강을 예고하고 있다. 일본의 방위정책과 자위대의 변화는 한일관계뿐만 아니라 미국의 동아시아 정책과 미중 패권경쟁, 한반도 안보지형에도 지대한 영향을 미치는 요소이다. 따라서, 일본의 방위정책과 자위대의 변화에 대한 관심과 시사점을 심층분석하고 앞에서 제기한 몇 가지 제시한 발전방안 이외에도 우리의 국방정책에 적시적인 참고가 될 수 있도록 관리할 필요성이 있다.

　냉전 종식 이후 국제사회는 국익을 최우선시하는 자국 중심의 안보정책을 시행하고 있다. 특히, 북한의 핵과 탄도미사일 위협을 증가하고 있는 시점에 중국의 해양 팽창정책과 대만 위기 등 점증되고 있는 동아시아 안보상황의 불확실성은 속에서 일본의 전략 3문서 개정과 인도-태평양전략의 진화, 그리고 현실적인 방위력 증강은 동아시아 안보지형의 새로운 지각변동을 예고하고 있다. 따라서, 일본의 방위정책 변화와 자위대의 군비증강에 대한 냉철한 분석을 바탕으로 국익 우선 차원에서 차분한 전략적 대응과 미래 방산협력을 포함한 '用日의 지혜'가 필요하며 후손에서 영광스러운 위대한 대한민국을 물려주기 위해서 대북 위주 전략을 기반으로 미국의 전략적 변화, 급속한 중국군의 확장 등 동아시아 안보환경 전체를 직시하는 혜안(慧眼)과 대응전략이 필요하다고 할 것이다.

제 2 부

일본의 방위산업체 현황
(137개 업체)

일본 방위산업체 현황은 일본 방산진흥회에 등록 된

137개 업체의 공개된 인터넷 자료를 바탕으로 정리하였음.

일본 방위산업체 현황

- 일본 방산진흥회에 등록된 137개 업체 현황 -

탄약·화기·유도무기			70
탄-1	㈜ 리코엘레멕스	화-11	㈜ 호와공업
탄-2	㈜ 아사히카세이	화-12	㈜ 스미토모중기계공업
탄-3	㈜ 일본공기	화-13	㈜ 스미슈특기서비스
탄-4	㈜ 이시카와제작소	화-14	㈜ 일본제강소
탄-5	㈜ 쇼와금속공업	화-15	㈜ 와타나베철공
탄-6	㈜ 다이셀	화-16	㈜ MHI 오셔닉스
탄-7	㈜ 츄고쿠화약	유-17	㈜ 미쓰비시중공업
탄-8	㈜ 호소야화공	유-18	㈜ MHI Logitec
탄-9	㈜ 니치유	유-19	㈜ 미쓰비시전기
탄-10	㈜ 아사히세이키공업		

항 공 기			97
항-1	㈜ 신메이와공업	항-6	㈜ 일본비행기
항-2	㈜ 스바루	항-7	㈜ 관동항공계기
항-3	㈜ IHI 에어로스페이스	항-8	㈜ 도쿄항공계기
항-4	㈜ 일본해양	항-9	㈜ 이글공업
항-5	㈜ IHI		

함 정			108
함-1	㈜ 미츠이E&S조선	함-8	㈜ 코 와
함-2	㈜ 카와사키중공업	함-9	㈜ 다이하츠디젤
함-3	㈜ 재팬마린유나이티드	함-10	㈜ 코덴제작소
함-4	㈜ 사세보중공업	함-11	㈜ OKI Seatec.Co.
함-5	㈜ 니시 F	함-12	㈜ 키타자와전기제작소
함-6	㈜ 야마하전동기	함-13	㈜ JMU디펜스시스템즈
함-7	㈜ 하코다테도크	함-14	㈜ 오션 엔지니어링

차량·육상장비			123
차-1	㈜ 코마츠제작소	차-7	㈜ GH CRAFT
차-2	㈜ 이스즈자동차	육-8	㈜ 도시바전파프로덕트
차-3	㈜미쓰비시중특수차량서비스	육-9	㈜ 풍 국
차-4	㈜ 오오하라철공소	육-10	㈜ 일본항공전자공업
차-5	㈜ 미쓰비시자동차공업	육-11	㈜ 요코하마고무
차-6	㈜ 도요타자동차		

㈜ 리코엘레멕스 (リコーエレメックス株式会社)

http://www.ricohelemex.co.jp

Tel 0564-23-5111

Fax 0564-23-7724

〒 444-8586 愛知県岡崎市井田町3-69

창업 1938년 4월 23일   **자산** 3,456만 엔

사업개요 • 정밀가공 기술을 기반으로 기기사업, 비즈니스 제품 사업

사업내용 • 정밀 가공 기술
 • 방위 관련 기기
 • 3차원 측정기, 가스경보기 등

주요사업 • 정밀 가공 기술
  - 항공우주산업, 자동차엔진 부품 등 첨단기술 분야의 가공부품
  - LP가스 관련 개발 · 제조, 성형 · 시계부품 등 정밀부품 제조
 • 각종 탄약에 이용되는 신관(탄약 기폭장치)의 개발 · 제조
  - 포탄용 신관 : 류탄포, 전차포, 박격포용 등 각종 신관(전기식 및 기계식)
  - 데이터메모리 장치 : 탄약에 탑재하여 발사/비행/탄착 시 등의 각종 데이터를
        반도체메모리 소자에 기록, 시험 후 회수하여 PC 이용
        기록데이터 분석
  - 기타 신관 : 미사일, 로켓탄용 등 각종 탄약용 신관 제조

※ 방위성 수주 실적
  - '24. 3. 8. : EFI 기폭 기술 연구 기술지원
  - '23. 8. 29. : 대구경 화포용 탄약 조사
  - '23. 8. 1. : 시한 신관 회로

- '23. 3. 31. : M205A2 연습수류탄 신관
- '22. 3. 17. : 90식 시한신관 I형

협력중점 탄약 신관

㈜ 아사히카세이 (旭化成株式会社)

http://www.asahi-kasei.co.jp

Tel 03-6699-3000

Fax 0564-23-7724

〒100-0666 東京都千代田区有楽町1-1-2日比谷三井タワー

창업 1931년 5월 21일　　**자산** 1,033억 엔　　**연매출** 2조 1700억 엔

사업개요　• 화학, 섬유, 주택, 건축자재, 전기, 의약품 등 사업을 실시하는 대기업
　　　　　• 원자재, 주택, 헬스케어 분야를 중점으로 사업 운용
　　　　　• 방산 관련해서는 섬유화학 관련 분야의 사업 운용

사업내용　• 원자재 : 수산화나트륨, 화학비료, 질산, 암모니아 등
　　　　　• 주택영역 : 아파트, 단독주택, 도시개발 등
　　　　　• 의약품 : 골다공증약, 혈액응고 방지제 등 약품, 투석기,
　　　　　　　　　　혈액 분리반출기 등 기자재

주요사업　• 10년간 방위성의 EMP탄 연구개발 추진 중
　　　　　• 방위용 발사장약, 추진약, 액체 연료

※ 방위성 수주 실적
　- '23. 3. 10. : 오토 연료 II
　- '22. 10. 7. : 99식 155MM 유탄포 발사장약
　- '21. 11. 9. : 12식 지대함 유도탄 발사시험 기술지원
　- '19. 3. 11. : 89식 155mm 유탄포용 공포(空包)
　- '18. 3. 22. : 155mm M3J3 발사장약(방위성)
　- '18. 4. 13. : L15탄약 개량시험(방위성)
　- '17. 7. 11. : 액티브 제어 시스템 구성요소 성능시험(제2차 검지센서 시험, 방위성)

협력중점　발사장약 등 연료

https//www.nippon-koki.co.jp/

Tel 03-3436-3711

Fax 03-3433-5505

〒105-0003 東京都港区西新橋2-36-1 3F

창업 1933년 3월 1일   **자산** 20억 엔   **연매출** 57억 엔

사업개요 • 방위장비품 개발 및 금속가공에서 화약 등 일본 내 총포탄 메이커

사업내용 • 방위사업 : 자위대 사용의 총포탄 및 각종 화공품 제조
• 산업용 화공사업 : 댐, 터널, 토목공사 시 사용되는 폭약
• 가공품 사업 : 산업기계와 엔진 등을 화재 시 자동소화 시스템

주요사업 • 일본 내 최대 총포탄 생산
• 그물 네트 등 방범 관련 제품
• 주요 생산품

※ 방위성 수주 실적
- '24. 3. 8. : IM 탄약 기술 연구 기술지원
- '24. 1. 10. : 12.7mm J1 철갑판
- '23. 12. 9. : 잠수함용 신호탄
- '23. 3. 31. : 20mm 예광탄, 25mm 연습탄

협력중점 총포, 탄약 등 관련 기술

㈜ **이시카와제작소** (株式会社石川製作所)

http://www.ishiss.co.jp/

Tel 076-277-1411

Fax 076-277-2772

〒924-0051 石川県白山市福留町200

창업 1922년 10월   **자산** 20억 엔   **연매출** 126억 엔

사업개요 • 종이 박스, 섬유기기 및 방위용품 제조/판매
• '17.8월 관동항공계기주식회사 매입(자회사화)

사업내용 • 박스제작기계/시스템기계/방위용품

주요사업 • 박스제작기계 : 골판지박스 인쇄기, 지공(紙工)기계
• 시스템기계 : 고속미세칩 외견검사장치, 미세전자칩 부품 고속검사기
• 방위용품 : 83식/91식 기뢰(해자대 대상 90%)

※ 방위성 수주 실적
- '24. 3. 8. : 15식 기뢰
- '24. 3. 7. : 기뢰용 전약 정기검사
- '24. 2. 16. : 기뢰 정비용 장비 정기검사
- '23. 10. 7. : 91식 기뢰 평가용 장비
- '23. 8. 10. : 신형 소형 기뢰

협력중점 기뢰 관련 분야

㈜ 쇼와금속공업 (昭和金属工業株式会社)

https://www.shokin.co.jp

Tel 0296-76-1811

Fax 0296-76-1815

〒309-1211 茨城県櫻川市岩瀬2120番地

창업 1943년 2월 11일   **자산** 9,800만 엔

사업개요 • 바이오에서 우주까지 사회에 공헌하는 종합화학 회사
- 금속가공, 포장, 훈련용 화공품, 자동차용 화공품 등의 개발, 제조, 사용제품 재처리, 재자원화

사업내용 • 자동차용 화공품
- 민수용 화공품
- 훈련용 화공품

주요사업 • 자동차용 화공품 : 자동차 안전벨트용 가스발생기(E-GG) 제조 및 판매
- 민수용 화공품 : 화약류를 이용한 민수용 화공품 제조 및 판매
- 훈련용 화공품 : 자위대 사용 각종 색연막탄, 빛과 소리를 내는 각종 훈련용 화공품 제조
  - 21.5mm 신호탄, 40mm 신호탄
  - 각종 격발식 발화장치 생산
- 총기류 뇌관 및 기폭약
- 소화기용 공포
- 전기뇌관 및 신관

협력중점 화공품 관련 장치 등

㈜ 다이셀 (株式会社ダイセル)

https://www.daicel.com/

Tel 06-7639-7231
Fax 06-7639-7238
〒530-0011 大阪市北区大深町3-1
창업 1919년 9월 8일　**자산** 362억 엔

사업개요 • 1953년 방위개발사업 참가 이후 장기간
　　　　　　　 화공품 개발 · 생산기술 · 생산설비 및 안전기술 축적
　　　　　　• 해당 기술 바탕의 자동차 에어백용 가스발생기 개발 · 생산 · 판매

사업내용 • 생명공학 및 키랄 분리　　• 유기합성
　　　　　　• 합성수지　　　　　　　　• 화공품

주요사업 • 방위분야 : 조종사 긴급탈출장치, 발사화약, 추진화약
　　　　　　• 기초제품 : 가스발생제, 이니시에이터(기폭제)
　　　　　　• 방범/방제/구명 : 자동소화장치용 천공기, 방법용 연막발생기, 방범용
　　　　　　　　　　　　　　　 잉크분사장치용 가스 발생기, 착의형 에어백용 가스발생기,
　　　　　　　　　　　　　　　 전류차단장치
　　　　　　• 자동차안전 : 각종 에어백(운전석, 조수석, 사이드)

※ 방위성 수주 실적
　- '20. 3. 31. : 항공기 긴급 탈출 장치용 부품
　- '20. 2. 8. : 항공기 부품(Mass Kit Without Power Module)
　- '19. 12. 25. : 항공기 부품(Tube, Adjuster Assy)
　- '19. 12. 25. : 항공기 부품(긴급탈출장치용 부품)

협력중점 항공기 부품

탄-7 ㈜ 츄고쿠화약 (中国化薬株式会社)

http://www.chugokukayaku.co.jp/

Tel 0823-38-1111

Fax 0823-38-7128

〒737-8507 広島県呉市天応塩谷町4-5-14

창업 1947년 3월 28일　**자산** 3억 엔　**연매출** 91억 엔

사업개요
- 화학류 제품을 취급하는 회사
- 화학공업 분야의 화학물질의 개발, 제조, 유통, 사용, 소비, 폐기

사업내용
- 원료폭약
- 방위화공품
- 산업화약품
- 우주로켓용 화공품
- 화학제품 · 의약품
- 화학류 · 위험물 등의 처리 작업

주요사업
- 원료폭약 : 화성폭약, 혼합폭약, 기폭약
- 방위화공품
  - 각종 화포용 탄약 : 유탄, 발연탄, 조명탄 등
  - 각종로켓탄
  - 기뢰/기폭/어뢰두부
  - 폭 탄
  - 각종 유도탄 : 공대함, 지대공, 지대함, 대전차유도탄
  - 각종 폭파약, 신관 · 화관 · 뇌관, 카트리지, 화공품
- 산업화약품 : 토목 · 채석용, 초안유제폭약, 함수폭약, 성형폭약
- 우주로켓용 화공품 : 신호제어용화공품, 분리용화공품, 긴급파폭용화공품

• 화학제품 · 의약품

※ 방위성 수주 실적
  - '23. 8. 2. : 공업용 성형 폭약
  - '23. 4. 10. : 금속절단용 화공품

협력중점 탄약 및 관련 부품

㈜ 호소야화공 (細谷火工株式会社)

http://www.hosoya-pyro.co.jp

Tel 042-558-5111

〒 197-0801 あきる野市管生1847

창업 1951년 5월 28일　**자산** 2억 1백만 엔

사업개요 • 레저 제품부터 우주산업까지 폭넓게 화공품을 판매 · 제공
- 방위성 · 자위대 관련 화공품 취급, 방재훈련 시 사용

사업내용 • 화공품의 제조 및 연구 · 개발
- 액체 에너지 물질(해양 조난 시 구난신호, 긴급시 비상신호)
- 화공품 폐기 수탁

주요사업 • 액체 에너지 물질
- 우주용 · 방위용으로 인공위성에 사용되는 무공해 연료
- 항공기에 의무적으로 탑재한 비상신호등
(산악 구조헬기의 착지점 유도 등에 사용)

※ 거래처 : 방위성, 국토교통성, 해상보안청, 우주항공연구개발기구, 소방청,
산업기술종합연구소 등

※ 방위성 수주 실적
- '24. 2. 9. : 구난용 신호통
- '24. 1. 10. : 해상 구난 투하용 신호통
- '23. 12. 6. : 17mm 구난용 신호조명탄
- '23. 7. 25. : 구명조끼용 자동팽창장치

협력중점 신호탄 등 화공품

https//www.nof.co.jp/

Tel 03-5424-6600

Fax 03-5424-6800

〒 150-6019 東京都渋谷区恵比寿4-20-3

창업 1937년 6월 1일　**자산** 177억 엔　**연매출** 2,100억 엔

사업개요 • 석유제품을 중심으로 기능재료를 개발 및 공급하는 기업
　　　　　• 라이프 사이언스, 전자 · 정보, 환경 · 에너지 3분야를 중점 생산

사업내용 • 사회 인프라 : 유지(由脂)제품, 화성(化成)제품, 화약 · 가공품
　　　　　• 항공/우주 : 우주 로켓용 고체 추진 화공품
　　　　　• 산업 기계 : 다이너마이트, 전기뇌관, 방위용 발사체, 포탄 조립
　　　　　• 자원/에너지 : 고급 알코올, 경화유

주요사업 • 무연 화약류 관련 방위용 발사체, 포탄
　　　　　• 우주로켓용 고체추진체, 자동차용 안전부품(안전벨트 등)
　　　　　• 금속 방청제/건식 아연 도금 처리제
　　　　　• 윤활안정제

※ 방위성 수주 실적
　- '23. 11. 8. : 다목적 유도탄 시스템 성능 확인 시험 기술지원
　- '23. 8. 3. : 99식 155mm 유탄포 연습용 발사장약
　- '23. 3. 31. : 120mm 전차포 공포

협력중점 화공품, 금속 코팅, 기술지원 등

탄-10 ㈜ 아사히세이키공업 (旭精機工業株式会社)

http://www.asahiseiki-mfg.co.jp

Tel 0561-53-3112

Fax 0561-54-2439

〒 488-8655 愛知県尾張旭市旭前町新田洞5050-1

창업 1953년 8월 11일　　**자산** 41억 엔　　**연매출** 131억 엔

사업개요　• 정밀 금속 가공품 · 소규모 경총탄, 프레스 기계, 스프링가공기계,
　　　　　　 항공기 부품, 자동기/전용기를 제조 및 판매

사업내용　• 정밀 가공
　　　　　　• 사회 인프라
　　　　　　• 산업 기계
　　　　　　• 항공기 부품

주요사업　• 정밀 가공 : 딥 드로잉, 널링 가공, 구멍 뚫기, 으깨기, 깎기,
　　　　　　 어셈블리(용접, 조립으로 부가가치 높은 제품생산), 부분도금 등
　　　　　　• 사회 인프라 : 철강, 해양구조물 등
　　　　　　• 산업 기계 : 차량용 과급기, 자동차부품, 박용기계 등
　　　　　　• 항공기 부품 : 고속 횡형 복합공작기계(Machining Center) 등
　　　　　　• 요코타 기지 이전에 따른 지상무기행동용 탄약 제조 및 가공지상무기용 탄약
　　　　　　 ('15년도 방위계획대강에 따른 장비품 정비 · 유지)
　　　　　　• 소화기(小火器) 탄약 규격 · 시험 매뉴얼에 작성위원장으로 명시
　　　　　　 (제작/매뉴얼 정리에 관여했을 것으로 추측)

협력중점　정밀가공, 항공기 부품 등

㈜ 호와공업 (豊和工業株式会社)

http://www.howa.co.jp

Tel 052-408-1280

〒 452-8601 愛知県清須市須ケ口1900-1

창업 1907년 2월 9일　**자산** 90억 1,900만 엔

사업개요
- 본사 및 자회사 6개로 구성
- 공작기계, 전자기계 공작기계 관련 및 건축자재 및 청소차량의 제조판매가 주 사업
- 자회사는 제조, 판매, 원재료·부품의 매입 등 사업 전개

사업내용
- 공작기계, 공·유압기기, 건축자재, 전자기계, 청소차량, 금속제건구
- 화기 : 일본 유일 소총 생산 업체
- 산업 기계
- 항공기 부품

주요사업
- 화 기(방위성 대용)
  - 소 총(육막 장비품 조달)
    * 89식 5.56mm 소총 고정총상식　　* 89식 5.56mm 소총 절곡총상식
  - 박격포
    * 81mm 박격포L16　　* 120mm 박격포RT
  - 발열탄발사기·섬광발음통
    * 76mm 발열탄발사기　　* 76mm 발열탄 섬광발음통
  - 각종 수류탄, 96식 40mm 자동탄총
- 공작기계 : 자동차업계, 전자기기 부품 업계에서 사용
- 금속제 건구 : 방음새시, 일반새시, 리폼새시, 방수판·방수문, 전자파실드도어
- 전자기기 : 프린터기판용 노광장치 광시리즈, 세라믹 그린시트 관련 장치

협력중점 소화기(총포) 관련

㈜ 스미토모중기계공업 (住友重機械工業株式會社)

http://www.shi.co.jp/index.html

Tel 03-6737-2000

Fax 03-6866-5104

〒141-6025 東京都品川区大崎2-1-1

창업 1888년 11월   **자산** 309억 엔   **연매출** 10,815억 엔

사업개요
- 기술혁신과 최첨단 기술 응용산업, 인프라 관련 사업
- 액정, 반도체 관련 제조장치, 첨단 가전 관련 제조장치 등
- 정밀기 제어기, 변감속기, 플라스틱 가공기계 등 생산

사업내용
- 기계컴포넌트
- 건설기계
- 선박 및 환경 플랜트
- 정밀기계
- 산업기계

주요사업
- 기계컴포넌트 : 각종 감속기
- 정밀기계 : 방사성형기, 극저온냉동기, 제어시스템 등
- 건설기계 : 포크레인, 도로 포장기계, 크레인, 기초기계 등
- 산업기계 : 양자선 치료시스템, 진공성모장치, 증기터빈 등
- 선박 : 중형 오일탱크
- 환경 플랜트 : 보일러발전기, 재처리설비, 재자원화설비 등

※ 방위성 수주 실적
  - '24. 3. 5. : 해상 풍력 사업 추진 프로젝트 설립
  - '20. 1. 21. : 1,500t 단조 시뮬레이터 유압 프레스 수리
  - '19. 11. 27. : 쿨 보틀 정기 검사(이와쿠니 항공기지)

협력중점 정밀기계, 총포류 개량, 라이센스 생산 등

화-13 ㈜ 스미슈특기서비스 (住重特機サービス株式会社)

Tel 042-468-4451

Fax 042-468-4494

〒188-8585 東京都西東京市谷戸町2-1-1

자산 12억 2978엔   **연매출** 9,031억 엔

사업개요 • 스미토모중기계공업의 자회사

사업내용 • 방위품
• 저온기기 등의 수리
• 애프터서비스
• 부품 제조, 판매

주요사업 • 방위품 : 기관총, 소구경포, 장비 지원 기자재
• 저온기기 등의 수리 : 유도무기용 냉각가스 충전장치 수리
• 애프터서비스
• 각종, 부품 제조, 판매

※ 방위성 수주 실적
- '24. 3. 9. : 고성능 20mm 기관포 부품 수리
- '23. 10. 10. : 브레이크 마스터 실린더
- '23. 3. 6. : 고성능 20mm 기관포 부품 검사
- '21. 3. 11. : 고성능 20mm 기관포 급탄장치 수리
- '19. 11. 7 : 수분계 수리

협력중점 고성능 기관포 부품 등

㈜ 일본제강소 (株式会社日本製鋼所)

https//www.jsw.co.jp/

Tel 03-5745-2001

창업 1907년 11월 1일   자산 198억 엔   연매출 2,387억 엔

사업개요
- 1907년 함재포와 유탄포 등 무기의 일본산화를 목적으로 홋카이도탄광기선(北海道鍛鋼汽船株式会社), 영국의 암스트롱 휘트워스사, 영국 빅커스가 출자해 설립.
- 동판, 철조품, 주조품, 플라스틱 추출 성형기, 철도차량용 제품, 전차나 함선의 포를 제조 생산

사업내용
- 자원/에너지
- 사회 인프라
- 방위 산업

주요사업
- 자원/에너지 : 수소 스테이션용 철제축압기, 화력발전용 터빈 케이스, 발전용 터빈 용기 등 산업 주물품
- 사회 인프라 : 콤프레스, 철도차량 제품
- 방위 산업 : 화포 시스템(20mm 기관포, 고사기관포, 함포 등), 미사일 발사장치, 전차 등

※ 소재 · 기계 제조 기술을 기본으로 신소재, 메카트로닉스, 시뮬레이션 등의 첨단기술을 집결해 화포시스템, 미사일 발사 장치 등 방위기기의 설계 · 제조 · 정비를 실시하고 있음

협력중점 전차, 함포 관련 부품 및 기술

㈜ 와타나베철공 (渡辺鉄工株式会社)

http://www.watanabe1886.com

Tel 092-581-0331

Fax 092-573-3748

〒812-0885 福岡市博多區相生町1-2-1

창업 1886년 **자산** 1억 엔 **연매출** 16억 엔

사업개요 • 창업 초기부터 구일본해군의 지정공장으로 수뢰(어뢰)무기 제조
• 관련 산업 일본국내 유일의 생산기업

사업내용 • 강판처리설비
• 자동차용 휠 생산설비
• 방위성 관련 제품(수상어뢰발사관, 훈련용 의제어뢰, 수상어뢰발사관 등)

주요사업 • 방위성 관련 제품
  - 수상어뢰발사관, 훈련용 어뢰, 수상어뢰발사관 등
• 자동차용 휠 생산설비
  - 차륜부분(림휠) 생산 및 조립, 각종 자동반송장치 등
• 산업기계
  - 440톤 용광 장치, 경량철골 가공설비, 목제팔레트검사장치 등
• 범용기 서비스부분
  - 콘크리트펌프차 매수·판매, 건설기기·차량관계 판매, 콘크리트펌프차
    부품판매, 각 기업의 공기압축기 판매서비스, 각종 유지보수, 수리

협력중점 어뢰, 어뢰발사관, 훈련용 의제어뢰 등 부품과 기술

㈜ MHI 오셔닉스 (エムエイチアイオーシャニクス株式会社)

Tel 095-828-7110

Fax 0957-25-0849

〒850-0046 長崎県長崎市幸町6-53

창업 1989년 4월 1일　　**자산** 3,000만 엔　　**연매출** 16억 엔

사업개요　• 미츠비시중공업의 방위 관련 자회사

사업내용　• 미츠비시중공업에서 납품한 제품의 수리, 정비, 기술지원
　　　　　　• 정보통신공사
　　　　　　• 기계기구 설치공사

주요사업　• 어뢰, 함재기기 등 엔지니어링, 수리, 정비, 기술지원

※ 방위성 수주 실적
　- '24. 3. 9. : 수중항주식 기뢰처리기 오버홀 키트
　- '23. 12. 20. : 어뢰용 음향 정지 표적 정기검사
　- '23. 11. 30. : 어뢰정비용 기재 정기검사
　- '22. 1. 5. : 97식 어뢰 정비용 장비 정기검사
　- '19. 3. 7. : 수중항주식 기뢰처리기(S-10 · 1형) 조립용 부품
　　　　　　　(Main propelling unit 외 19건) 오버홀(함정보급처)
　- '19. 1. 16. : 어뢰 등 정기검사(요코스카총감부, 총 3회)
　- '18. 12. 4. : 어뢰 등 교체(요코스카총감부, 총 2회)
　- '18. 12. 3. : 무기용 부품 수중항주식 기뢰처리기 조립용
　　　　　　　Recorder Unit1(함정보급처)
　- '18. 11. 22. : 수중항주식 기뢰처리기 부품 오버홀(ROTARY JOINT)
　- '18. 11. 7. : 수중항주식 기뢰처리기 부품 오버홀
　　　　　　　(DISINGUISH TV CAMERA 외 8건)

- '18. 9. 28. : 어뢰정비용 기자재 정기검사(방위성)
- '18. 9. 27. : 어뢰용 음향정지+표적 정기검사(방위성)
- '18. 8. 30. : 新대잠용 단어뢰 및 구성품 처분(방위성)
- '18. 8. 10. : 어뢰용 훈련 두부 기록기 조립/수리(방위성)

협력중점 어뢰 및 기뢰 부품 및 수리

㈜ 미쓰비시중공업 (三菱重工業株式会社)

http://www.mhi.com

Tel 03-6275-6200

〒 100-8332 東京都千代田区丸の内2-3

창업 1884년 7월 7일   **자산** 2,656억 엔

사업개요 • 엔지니어링과 제조의 글로벌 리더
• 민간항공, 수송, 발전소, 가스터빈, 기계, 인프라, 방위 · 우주시스템에 이르는 폭넓은 최첨단의 기술력으로 통합된 솔루션 제공

사업내용 • 에너지 : 화력, 자연에너지, 원자력 등 에너지 관련 제품
• 항 공 : 항공기, 항공기용 엔진부품 등 관련 제품
• 우주개발 : H-LLA로켓과 우주스테이션 등 관련 제품
• 선박 · 해양 : 선박엔지니어링, 페리선, 특수선, 순시선 등 관련 제품
• 교통시스템 : AGT(전자동무인운전차량), ETC시스템 관련 제품

주요사업 • 선박 · 해양
- 특수선 : 해저자원탐사선, 지구심부탐사선, 200톤형 순시선 등
- LNG선, LPG선, 유조선, 컨테이너선, 자동차 · 트럭운반선 등
- 유인잠수조사선, 해저순항탐사기 등 생산
• 방 위
- 특수차량
- 수상함정/잠수함
- 전투기
- 헬리콥터
- 유도기기

기 타 ・ 육상막료감부 주요 장비품 조달실적

　　　　- 99식 자주155mm 유탄포(자체・화포) : 8량(78억 엔)

　　　　　* 일본제강소와 공동수주

　　　　- 90식 전차(자체・화포) : 17량(126억 엔)

　　　　- 89식 장갑전투차(자체・화포) : 1량(6억 엔)

　　　　　* 일본제강소와 공동수주

　　　　- 90식 전차회수차 : 1량(5억 엔), 91식 전차교 : 1대(5억 엔)

　　　　- 16식 기동전투차 : 33량(185억 엔), 12식 지대함유도탄 : 1식(80억 엔)

　　　　- 10식 전차 : 6량(58억 엔)

　　　　- 관측헬기(OH-1)(기체・엔진) : 2기(40억 엔)

　　　　　* 카와사키중공업과 공동수주

　　　　- 다용도헬기(UH060JA)(기체・엔진) : 1기(30억 엔)

　　　　　* 이시가와지마하리마중공업과 공동수주

　　　　- 신중거리지대공유도탄 : 1식(203억 엔)

　・ 해상막료감부 주요 장비품 조달실적

　　　　- 호위함(DDG)(함체・주기계) : 1척(473억 엔)

　　　　　* 이시가와지마중공업과 공동수주

　　　　- 잠수함(SS)(함체・주전동기) : 1척(274억 엔)

　　　　　* 도시바미쯔비시전기산업시스템사와 공동수주

　　　　- 소해정(MSC)(함체・주기계) : 7척(57억 엔)

　　　　　* 유니버설선조와 공동수주

　　　　- 소계헬기(SH-60K)(기체・엔진) : 7기(264억 엔)

　　　　- SH-60K기령연신기체 개수키트 : 2식(19억 엔)

　　　　- SH-60J기령연신장치 : 1기(7억 엔)

　　　　　* 이시가와지마하리마중공업과 공동수주

- 항공막료감부 주요 장비품 조달실적
  - 지원전투기(F-2)(기체·엔진) : 6기(543억 엔)
    * 이시가와지마하리마중공업과 공동수주
  - 구난헬기(UH-60-J)(기체·엔진) : 2기(71억 엔)
    * 이시가와지마하리마중공업과 공동수주
  - 지대공유도탄 패트리어트 : 1식(298억 엔)
  - F-2 능력 향상(JDCS(F)) : 12기(22억 엔)
  - F-2A/B 능력 향상 개수(공대공능력) : 9기(14억 엔)

- 기술연구본부 관계(장비청 등) 주요 장비품 조달실적
  - 신전차 : 1식(84억 엔)
  - 회전익소계기(능력향상형) : 1식(166억 엔)
  - 12식 지대함유도탄 및 소계기용신공대함유도탄 : 1식(87억 엔)

- 미쓰비시중공업(고베조선소) 잠수함 건조
  - 연습함 : 미치시오함(TSS-3609)
  - 오야시오형 : 마키시오함(SS-593), 나루시오함(SS-595),
                카시오함(SS-597), 세토시오함(SS-599)
  - 소류형 : 소류함(SS-501), 하쿠류함(SS-503), 즈이류함(SS-505),
            진류함(SS-507), 세이류함(SS-509), 오류함(SS-511)(의장중)
  - 타이게이형 : 타이게이함(SS-513/시험함 전환), 진게이함(SS-515),
                SS-517('26년 취역 예정)

- 기 타
  - 07식 수직발사어뢰투사구 로켓 : 3,585억 엔
  - 신탄도미사일 방위용유도탄 구성품 생산준비업무 : 2,676억 엔
  - 89식 어뢰(B) : 1,591억 엔, 자주식데코이1형 : 730억 엔
  - MK46어뢰유도제제부 : 354억 엔

- 어뢰투사구 로켓 MK3MoD-N(개) : 186억 엔

※ 방위산업 연간조달액 비율 : 2,457억 엔(15.6%)

협력중점 • 육상장비 : 화포, 전차, 헬기 등 관련 부품과 기술
　　　　　 • 해상장비 : 수상함, 잠수함, 소해/해상작전헬기 등 관련 기술
　　　　　 • 공중장비 : 전투기, 구난헬기, 유도탄 관련 분야

※ 일본 내 최대 방위산업체 중의 하나로 다양한 분야 협력이 필요한 기업이나,
　 가장 경쟁해야 될 기업임.

㈜ **MHI Logitec** (株式会社エムエイチアイロジテック)

http://www.mhi-logitec.co.jp

Tel 0568-79-0710

Fax 0568-78-0245

〒 485-0826 **愛知県小牧市大字東中**1200

창업 1990년 1월 8일   **자산** 6,000만 엔   **연매출** 55억 엔

사업개요 • 미츠비시중공업의 방위 관련 자회사

사업내용 • 미츠비시중공업 납품한 비행체 시스템 정비 · 수리, 유지부품 판매,
　　　　　　 기술지원, 관련 기구 설계 · 제조

주요사업 • 후방지원업무
　　　　　　 - 정비 · 수리 : 제품 정비, 수리 및 개조
　　　　　　 - 유지부품 제조 : 부품의 형태관리, 유지설계 및 제조
　　　　　　 - 시스템 유지 : 제품 신뢰성 조사 · 개선활동
　　　　　　 - 현지정비 : 각 공장 등 제품 정비
　　　　　 • 기술지원 · 제조지원
　　　　　　 - 기계 설계 : 비행체 시스템 및 우주기기 하드웨어 설계지원
　　　　　　 - 소프트웨어 설계 : 비행체 시스템 및 시험장치 매뉴얼 작성
　　　　　　 - 정비기술 : 비행체 시스템 제품 정비
　　　　　 • 시험 · 훈련용 기자재 개발 · 제조

※ 방위성 수주 실적
　 - '23. 3. 31. : 88식 지대함 유도탄용 부품
　 - '22. 12. 16. : 연접기A- Ⅱ형
　 - '22. 1. 11. : 함/공대함 유도탄 탄약 기술지원

- '21. 9. 6. : 함대함 유도탄 정기검사
- '19. 2. 8. : 공대공유도탄 서스티나부분 수리(해자대 보급본부)
- '19. 2. 6. : 탄약 부품 DIFFUSER ASSY(해자대 보급본부)
- '19. 1. 9. : 탄약 부품 FITTING ASSY(해자대 보급본부)
- '18. 12. 26. : 유도제어장치(AAM-5) 진단(제4보급처)

협력중점 유도탄 부품, 유도탄 제어장치 및 부품 등

㈜ 미쓰비시전기 (三菱電機株式会社)

http://www.mitsubishielectric.co.jp

Tel 03-3218-2111

〒141-0032 東京都千代田区丸の内2-7-3 東京ビル

창업 1921년 1월 15일   **자산** 1,758억 2천만 엔

사업개요 • 환경, 자원, 에너지 등 사회문제에 대해 제품, 시스템, 서비스 등의
제공을 통해 해결하고, 안심, 안전한 글로벌 사회 실현에 공헌

사업내용 • 중전(中電)시스템 부문
• 정보통신시스템 부문
• 가전전기 부문
• 산업메카트로닉스 부문
• 전자디바이스 부문

주요사업 • 중전(中電)시스템 부문
- 터빈발전기, 수차발전기, 원자력기기, 전동기, 가스절연개폐장치,
개폐제어장치, 대형영상표시장치, 차량용 전기품, 엘리베이터,
에스컬레이터, 빌딩보안시스템 등
• 산업메카트로닉스 부문
- 인터버, 서버, 전동기, 누전차단기, 산업용송풍기, 레이저가공기,
산업용 로봇, 자동차용 전장품, 노휴즈차단기, 배전용변압기 등
• 정보통신시스템 부문
- 무·유선통신기기, 네트워크카메라시스템, 위성통신장치, 안테나,
인공위성, 레이더장치, 방송기기, 사격관제장치, 데이터전송장치
• 전자디바이스 부문
- 파워모듈, 고주파소자, 광소자, 액정표시장치 등

※ 방위산업 연간조달액 비율 : 6.1%

※ 주요 조달품
  - 03식 중거리지대공유도탄 : 1기(310억 엔)
  - 신함대공유도탄 : 1식(88억 엔)
  - 훈련용 전파방해장치 HLQ-5-T

협력중점 발전기 등 원동기 부분, 정보통신시스템 분야 등

㈜ 신메이와공업 (新明和工業株式会社)

http://www.shinmaywa.co.jp/index.html

Tel 0798-56-5000

〒665-8550 兵庫県宝塚市神明和町1-1

창업 1944년 11월 5일 **자산** 159억 엔 **연매출** 2,252억 엔

사업개요
- 항공기 제조기술을 바탕으로 시작하여, 비행기 제조 생산력을 기반으로 요구제품 생산 제공 중
- 현 주력사업으로 비행정과 민간항공기용 컴포넌트(날개) 제조

사업내용
- 산업시스템 : 자동전선처리기, 환경시스템, 진공장치, 전동기
- 액체 : 액체 관련 제품(설비용수 중 펌프, 수중믹서)
- 주차장시스템 : 기계식 주차설비, 항공여객 탑승차
- 항공기 : 비행정 및 민간항공기용 컴포넌트
- 특수차 : 건설(덤프트럭), 환경(쓰레기차), 물류 관련 차량

주요사업
- 항공기 : US2, 항공기 날개 페어링
- 차 량 : 덤프차, 환경정비차, 탈착보디차, 액체운반차, 레미콘
- 항공여객탑승교, 입체주차장 시스템, 무선처리 시스템, 환경시스템, 진공시스템, 각종 펌프

협력중점 해상자위대 구난정 US1/US2 제조, 대형융빙액살포차, 실험비행정(UF-XS), 대잠초계비행정(PS-1), 훈련지원기(U-36A)

| 항-2 | ㈜ 스바루 (株式会社SUBARU) |

https://www.subaru.co.jp/

Tel 03-6447-8000

〒150-8554 東京都渋谷区恵比寿1-20-8

창업 1953년 7월 15일 **자산** 1,538억 엔 **연매출** 3조 8천억 엔

사업개요
- 자동차 및 중공업 업체로 시작
- 항공우주, 산업기기, 환경, 주택 분야 등을 취급

사업내용
- 항공우주 분야 : 항공기 및 항공기 날개 생산
- 산업기기 분야 : 소형범용 엔진 개발 및 생산
- 환경기술 분야 : 각종 환경용 프랜설비 생산
- 주택사업 분야 : 소형 조립식주택 제작

주요사업
- 방위성 : T-1A/B 중등훈련기, J/AQM-1 무인표적기,
  원격조정 관측시스템(FFOS), 신무인정찰기 시스템(FFRS),
  항공기용 시뮬레이터, UH-X(헬기공동사용)
- 라이센스 : T-34A 연습기, LM-1/2 다좌석 연락기, KM-2 연습기,
  T-3 초등연습기, T-5 초등연습기, T-7 초등연습기,
  UH-1B/H/J 다용도 헬기, AH-1S 대전차헬기, AH-64D 전투헬기,
  패트리어트 중거리 지대공유도탄용 안테나 마스터 등
- 분담생산 : F-2 전투기(주/꼬리날개), T-4 중등연습기(주/꼬리날개, 조종석),
  P-1 초계기(주/수직꼬리날개), US-1A 구난비행정(주/꼬리날개,
  엔진덮개), C-2 수송기(주날개), P-3C 대잠초계기(조립/정비)
- 우주 관련 : H-ⅡA로켓, 인공위성, 피기백위성

협력중점 전투헬기 AH-64D, 다용도헬기 UH-1J, 초등연습기 T-5,
무인정찰기 시스템, 보잉 777 중앙날개 등

㈜ IHI 에어로스페이스 (株式会社 ＩＨＩ エアロスペース)

http://www.ihi.co.jp/ia/

Tel 03-6204-8000

Fax 03-6204-8810

〒135-0061 東京都江東区豊洲3-1-1 豊洲IHIビル

창업 1924년　**자산** 50억 엔　**연매출** 538억 엔

사업개요 • ㈜ 나카시마비행기가 독자적으로 실시한 로켓연구를 계기로 후지츠,
닛산 등을 거쳐 현재는 IHI 자회사임(모체는 닛산자동차 항공우주사업부).
로켓비행체 전문업체로 우주기계, 방위제품 등 설계, 제조판매

사업내용 • 우주개발 : 로켓, 우주정거장, 위성추진체 등
• 방위장비품 : 다연장로켓시스템(MLRS), 무인시스템 등
• 항공기 엔진부품 : 팬케이스, 안내날개 등
• 기술연구 : 우주 태양광발전시스템(SSPS), 공중발사시스템,
무인기술(휴대용 로봇, 환경인식기술, 원격조정 차량시스템) 등

주요사업 • 우주개발 : 로켓 운용개발(엡실론/H-ⅡA/H-ⅡB/H3/S로켓), 국제 우주정거
장, 소형 위성방송 기구, 선내 실험랙(기계), 실험장치, 고에너지
전자·감마선 관측장치, 하야부사2, 위성용 자세제어기, 우주정거
장 보급지 추진계
• 방위장비품 : 70mm 로켓탄, 다연장로켓시스템(MLRS), PAC3로켓모터, 70
식 지뢰폭파장치, 92식 지뢰처리차, 팬저파우스트(라이센스 생
산), IR 데코이탄, 화물낙하 낙하산(Parachute Cargo Air Drop
System), ASM-1 부품(Stremer warning, ring connecting
round, Pin lock), 채프로켓탄('10. 12. 17.)
• 기술연구 : 항공대함유도탄 성능확인시험(제1차 발사시험, '16. 10. 3.), 무인

플랫폼 원격조정기술 동향 조사('17. 1. 23.), 자율주행 기술조사,
H3 로켓 시험기 2호기 발사시험('24. 2. 17.)

협력중점 우주기계, 로켓 등 관련 기술

항-4　㈜ 일본해양 (日本海洋株式会社)

https//www.nipponkaiyo.co.jp/

Tel 03-5613-8901
Fax 03-5613-8209
〒 120-0003 東京都足立区東和5-13-4
창업 1960년 6월 21일　　**자산** 8,000만 엔　　**연매출** 16억 엔

사업개요 • 해양 및 환경조사 계측 관련 기기, 잠수 관련 기기 사업, 드론 관련 사업

사업내용 • 항공/우주 : 측량용 및 정찰용 무인기
　　　　　 • 사회 인프라 : 해양구조물, 자원 리사이클
　　　　　 • 산업 기계 : 드론 탑재 센서, 헬멧 카메라
　　　　　 • 자원/에너지 : 자원 리사이클

주요사업 • 무인 항공기 제작 및 드론 제작
　　　　　 • 드론 탑재센서 및 헬멧 장착센서 제작
　　　　　 • 모비딕, DUI 등 각종 국내 유명사 군 및 보안 관련 제품 판매
　　　　　 • Watershed사 제품 방수백 판매
　　　　　 • 독일 ROTINOR사 수중 제트 스쿠터 판매
　　　　　 • 소형(휴대가능) 정찰용 고정 날개 드론
　　　　　 • 수중 자동탐사기, 수중 무전기, 초소형 수중 음향측정기
　　　　　 • 수중 스피커, 수중 잠수헬멧, 수중 카메라
　　　　　 • 각종 구조 장비 납품

※ 방위성 수주 실적
　 - '24. 3. 8. : 위험물 부양 장치
　 - '24. 2. 22. : 수중 스쿠터
　 - '21. 8. 5. : 부스터 펌프 정기 정비

협력중점 무인기, 드론, 수중장비 및 군수품 등

㈜ IHI (株式会社 IHI)

http://www.ihi.co.jp/

Tel 03-6204-7800
Fax 03-6204-8800
〒 135-8710 東京都江東区豊洲3-1-1 豊洲IHIビル
창업 1853년 12월 5일　　**자산** 1,071억 엔　　**연매출** 13,529억 엔

사업개요 • 조선을 시작으로 종합 중공업회사로 발전, 자원/에너지, 사회인프라,
　　　　　 산업기계, 항공/우주 등 4개 분야 중점 생산

사업내용 • 자원/에너지 : 보일러, 원자력, 디젤/가스터빈 엔진류
　　　　　 • 사회 인프라 : 철강, 터널, 해양구조물 등
　　　　　 • 산업 기계 : 차량용 과급기, 자동차부품, 박용기계 등
　　　　　 • 항공/우주 : 항공엔진, 로켓, 항공관제시스템 등

주요사업 • 항공/우주 : F-2전투기 엔진 등 일본 항공기 엔진의 60~70%를 생산
　　　　　　 - P-1, P-3C, SH-60K, T700, F-15J/D, T-4
　　　　　　 - FMS 수주 F-135 생산
　　　　　　 - PW-100 엔진 하청 생산
　　　　　　 - 로켓 추진기(터보 펌프, 로켓기체, 인공탑재 기자재) 등
　　　　　 • 함선
　　　　　　 - 호위함, 순시함, 기상관측선, 준설선(浚渫船), 해양지구연구선 등
　　　　　　 - 유조선 등 대형 선박, 페리 등
　　　　　　 - 조선기자재 등 선박건조 관련 제반 산업물(엔진, 용접, 제조 등)
　　　　　 • 신재료 : 고강도/대열 디스크 재료, CFRP, CMC 등
　　　　　 • 제반 산업물 : AM, 접합, 고속 가공, 제조 시뮬레이션 등
　　　　　 • 정비 : 노화 진단, 영상 인식, NDI, PLM, 복합재 수리 등

• 솔루션 : 빅 데이터 활용, AI 등

협력중점　디젤/가스터빈, 항공 엔진류 부품, 로켓/해양(조선) 부품 등
　　　※ 최대 방위산업체 중의 하나로 다양한 방산물자 생산

항
공
기

㈜ **일본비행기** (日本飛行機株式会社)

https//www.nippi.co.jp/

Tel 0258-24-2350

Fax 045-773-5100

〒236-8540 神奈川県横浜市金沢区昭和町3175

창업 1934년 10월 11일 　**자산** 60억 엔 　**연매출** 269억 엔

사업개요 • 항공기 · 항공기 부품 등 제조, 항공기 정비 및 개조에 중점을 두고 있음

사업내용 • 항공/우주 : 자위대 비행기의 날개 밑 장비품 개발 · 생산
• 산업 기계 : 항공 역학을 응용한 풍력발전 시스템

주요사업 • 1990년 4월에 보잉기 757-200,
최근에는 보잉기 747 · 777의 일부 에어버스용 A330의 수평익을 생산
• 2003년 6월 개발한 무인대기 관측기는 2,400m로 일본 최대기록 보유
• 구 일본군용으로 1934년부터 양산된 93식 중간훈련기 생산 담당
• 1990년대 조기경계관제기 E-767의 기내부품,
2003년 공중급유기 KC-767 100대분 기체 부품 수주
• 항공자위대기 YS-11 엔진을 YS-11EA로 개조
• 해상자위대기 P-3C 1988년부터 정기수리 실시
• 육상자위대기 TH-55J 1994년까지 161대 수리 실시
• 해상보안청 활곤900 정기 · 개수 정비
• 항공기 기술을 응용한 자위대 항공기 날개 장비품 개발 및 생산
• 로켓 및 위성의 구조체 설계 및 가공
• 복합재 개발 및 설비

협력중점 항공기 및 관련 부품

㈜ 관동항공계기 (関東航空計器株式会社)

http://www.kaiweb.jp

Tel 0466-81-3311

〒 251-0875 神奈川県藤沢市本藤沢2-3-15

창업 1952년 12월 29일   **자산** 4억 8,000만 엔

사업개요 • '52년 항공계기 수리 업체로 창립
- 자이로기기 제조, 항공기, 비행체, 선박, 특수차량 등 전자기기, 제어기기, 계측·시험장치, 정밀기기 및 전기부품 설계·개발·제조·수리·판매 등 실시. '17. 8월 이시카와 제작소에서 인수(자회사화)

사업내용 • 항공기용 제품   • 선박용 제품
- 차량용 제품   • 짐벌 제품
- 수리·유지정비   • 초고감도 카메라

주요사업 • 항공기 : FDR(Flight Data Recorder), 지상지원장치, 태칸항법/시험장치, HUMS 시스템(항공기 주요 장치 간 이상확인 모니터), 비행기 조종실 화면, 경보판넬, 조종관 신호출력기, 항공기 센서 신호 디지털 처리기, 항법계산·경보·시스템 정보처리장치, 텔레미터 장치, 자이로 장치, 리튬이온배터리 감시장치
- 함정 : 버티컬 센서 시스템, 함정자세 센서, 자동안정장치, 안정장치 제어부, 표시부, 조작부
- 차량 : 미션 데이터 레코더, 횡풍센서, 기상 센서
- 짐벌 : 3축 플라이트 모션 시뮬레이터, 비행체 유도부 통합시험기, 3축 테스트 테이블, 조준시험기, 측각판, 선회대
- 수리·정비 : 생물제 경보기, 자동비행점검장치, 항공계기 부품 수리

협력중점 항공기, 함정 관련 부품

㈜ 도쿄항공계기 (東京航空計器株式会社)

https://www.tkk-air.co.jp/

Tel 042-798-6611

Fax 042-798-6641

〒194-0296 東京都町田市小山ヶ丘2-2-6

사업개요 ・ 일본 항공우주산업의 리더

・ 오랜 기간 고성능, 고정밀, 고품질 제품 생산해 온 기업

사업내용 ・ 항공우주 관련 사업

・ 산업기계 관련 사업

주요사업 ・ 항공우주기기 : 통합표시장치, 항공계기, 자동조종비행제어장치,

비행안전관리기기, 관성기기, 에어데이터기기,

산소/구명기기, 조정장치, 지상지원기재, EO트랜시버

・ 비행훈련장치 : 조종기량 유지 및 향상

・ 압력교정서비스

・ 계측기기 : 운동계측기기, 압력계기, 류양계기, 압력센서

・ 반도체기기 및 교통기기

・ 기 타 : 차량용 조정장치, 차량용 표시장치, 포관제기기

협력중점 항공 우주 관련 계기 및 장비 등

㈜ 이글공업 (イーグル工業株式会社)

http://www.ekkeagle.com

Tel 03-3438-2291

Fax 03-3432-5448

〒105-8587 東京都港区芝公園2-4-1 芝パークビル14F

창업 1964년 10월 1일   **자산** 104억 엔   **연매출** 1,500억 엔

사업개요 • 자동차/건설자재, 일반산업기계/반도체, 선박, 항공/우주 관련 사업

사업내용 • 자동차/건설자재 : 자동차 워터펌프용 메카니컬실(Mechanical Seals) 등
- 일반산업기계/반도체 : AP적합 멀티스프링실 등 관련 부품
- 선 박 : 유윤활베어링 등 관련 부품
- 항공기 : 로켓용 터보펌프실 등 관련 부품

주요사업 • 방위성 납품용 제트엔진실과 일본산 로켓터보펌프실 모두 제작
- 현 주력 로켓인 H-2A, H-2B 등 일본산 로켓 제작
- 우주정거장 일본 실험동인 '키보우'의 누산기, 인공위성 배터리 부품, 연료탱크, 밸프, 슬래스터 등
- 항공기 엔진 : 메인시프트실, 기어박스실, 브러시실, 스태틱실
- 선박부품 : 윤활용 선미관실, 선미관 베어링, 고무 베어링, 자성유체실

협력중점 베어링, 실(Seal) 제품

㈜ 미츠이E&S조선 (三井 E & S 造船株式会社)

http://www.mes.co.jp

Tel 03-3544-3138

〒104-8439 東京都 中央區築地5-6-4

창업 1917년 11월 14일   **자산** 71억

사업개요 • 선박 및 함정사업으로 선박, 디젤엔진, 산업기계, 플랜트 엔지니어링, 해양자원 개발 등 다양한 제품 · 서비스 제공 기업

사업내용 • 화물운반선, 유조선, LNG운반선
• 방위성 함정, 해상보안청 순시선
• 선박용 디젤엔진, 항만 크레인, 각종 회전기 등의 산업기계

주요사업 • 함 정
• 해상물류 · 선박
  - 유조선, 고속여객선, 중소형 액화가스선, 액화가스연료선, 해상보안청 순시선 등
• 항만크레인
• 다리 · 발전토목 공사
• 화학플랜트
• 해양개발 · 수중기계, 발전플랜트, 환경플랜트
  - 심해조사관측기인 유식 무인탐사선, 수중 텔레비전로봇
  - 광 해저케이블 매설 현황을 조사하는 소형 자율항행식 해중로봇
  - 대형 자율 무인잠수기

협력중점 함정, 순시선(해상보안청) 등 제작기술, 일반 선박 건조

㈜ 카와사키중공업 (川崎重工業株式会社)

http://www.khi.co.jp

Tel 03-3435-2111

Fax 03-3436-3037

〒105-8315 東京都港区海岸1-14-5

창업 1896년 10월 15일　　**자산** 1,044억 엔　　**연매출** 1조 7,256억 엔

사업개요
- 오토바이 · 항공기 · 철도/차량 · 선박 등 수송기계, 기타 기계장치를 제조하는 대기업.
- 메이지시대 카와사키 츠키지조선소에서 기원.
- 미츠비시, IHI와 함께 일본 3대 중공업회사

사업내용
- 선박(카와사키중공업 선박해양컴퍼니)
- 선박(카와사키중공업 선박해양컴퍼니)
- 철도/차량(차량컴퍼니)
- 2륜차(모터사이클&엔진컴퍼니)
- 에너지 · 환경설비(에너지 · 환경플랜트 컴퍼니)
- 정밀기기 · 로봇(RHP) 등

주요사업
- 함정 : 오야시오형/소류형/타이게이형 잠수함, 운류형/하루시오형/유우시오형 등 퇴역함정, 연습함(오야시오), 심해구난정 및 잠수훈련장치, 자율 무인잠수기(AUV), 운항지원시스템, 순시선(치쿠젠, 사츠마), 가변피치 프로펠러, 4사이클 디젤기관, 선박용 증기터빈, 선박 가로방향 추진장치, 고탄성 고무 커플링, 조타기, 통합 조정장치(KICS) 등
- 항공 · 우주 : P-1/P-3C 초계기, C-1/C-2 수송기, T-4 훈련기, OP-3C, BK117/MCH-101/OH-1(관측헬기)/UH-1J(다목적헬기)/

함
정

CH-47JA(구난헬기) 헬기, 신소해헬기(기체, 엔진), 보잉
777·787·767/엄브렐라170 공동개발, US-2/F-2A/B 분담생산,
제트/G/T엔진 등

- 철도/차량 : 포크레인, JR 및 각 사철 철도 등
- 에너지·환경설비 : 가스엔진, 증기터빈, 원심압축기 등
- 2륜차 : 오토바이, 범용 엔진 등
- 기술연구 : 도서방어용 신대함유도탄 요소기술 시제품 제작
  ('19. 3. 28., 장비청), 차기 고정익 초계기 및 수송기 개발
- 87식 대전차 유도탄 발사장치, 96식 다목적 유도탄 시스템, 01식 경대전차
  유도탄, 중거리 다목적유도탄

협력중점 함정 건조, 해상항공기 제작 등 관련 기술, 산업

㈜ 재팬마린유나이티드 (ジャパンマリンユナイテッド株式会社)

https://www.jmuc.co.jp/

Tel 045-264-7200

Fax 045-264-7202

〒 220-0012 神奈川県横浜市西区みなとみらい4-4-2

창업 2013년 1월 1일   **자산** 575억 엔

사업개요 • 유니버셜조선과 IHIMU가 통합되어 만들어진 회사로 상선사업, 선박사업,
　　　　　해양 · 엔지니어사업, 라이프사이클 사업이 중점 사업임.

사업내용 • 상선사업 : 탱크, 컨테이너, 액화가스(LNG · LPG)선 등
　　　　　• 함선사업 : 방위성 함정, 해상보안청 순시선, 특수선 제작/수리
　　　　　• 해양엔지니어링사업 : 전기추진선, 해양구조물, 상선기술/건조지도
　　　　　• 라이프사이클사업 : 선박의 수리/개조/점검/부품공급 등

주요사업 • 컨테이너선, 탱크, 산적선, 액화가스선, 자동차운반선, 해양구조물,
　　　　　오프쇼어 지원선, 객선 · 여객선, 관공청선, 특수선 및 소형선, 수리 및 개조선
　　　　　• 자위대 함정 등 선박건조, 육 · 해자위대 방위장비품

협력중점 함정 건조 등 특수선 관련 분야

함
정

㈜ 사세보중공업 (佐世保重工業株式会社)

www.ssk-sasebo.co.jp/

Tel 0956-25-9111

〒 857-8501 長崎県佐世保市立神町1

창업 1946년 10월 1일   **자산** 1억 엔

사업개요
- 사세보에 거점을 둔 회사로 나무라(名村)조선소의 완전 자회사
  (전지분을 나무라조선소가 보유, 나무라조선소는
  사가 제조거점의 준대형 조선업체)
- '46년 구 일본해군 사세보 해군공창 토지·설비를 이어받아 설립

사업내용
- 함정 : 상선·함정·특수선 등 각종 선박 건조·수리
- 철강제품 : 크랭크 축 등 각종 엔진, 선박용 축계

주요사업
- 함정 : 수송선 네무로(1,550톤), 시험선 쿠리하마(955톤),
  수송정 1호(420톤), 대형수송선 모토후(PL08)
- 기계 : 프로펠러 축, 러더 스톡, 조립식 클랭크 축
- 유조선 : 유조선, 석유화학제품운반선, 액체화학제품운반선(18,000톤급,
  36,000톤급), 파나맥스 유조선(75,000톤급), 오버 파나맥스 유조선
  (85,000톤급), 아프라맥스 유조선(115,000톤급), 수에즈맥스 유조선
  (150,000톤급)
- 벌크선 : 포스트 파나맥스 벌크선(85,000톤급), 파나맥스 벌크선(76,000톤급)
  케이브사이즈 벌크선(180,000톤급), 석탄선
- 함정 수리 : 폭발 사고 복구공사, 용도 변경·수명연장 공사, 부체주차장
  개량공사, 주기교체 공사, 여객선 개조공사

협력중점 함정 건조 관련 부품 등

㈜ 니시 F (株式会社ニシエフ)

https//www.nishi-f.co.jp/

Tel 083-785-0126

Fax 083-785-0356

〒759-5101 山口県下関市豊北町大覚栗野4238

창업 1971년 11월   **자산** 5,000만 엔   **연매출** 21억 8,500만 엔

사업개요 • 소형선박 제조회사로 선박사업, 구명정사업, 특수정 사업이 중점

사업내용 • 소형선박 제작 기술을 살려 복합형 고속구난정 제작
   • 주로 FRP(유리섬유 강화 플라스틱)을 활용한 선박을 제작

주요사업 • 선박사업 : 어선, 여객선, 관공서용 소형함정 등의 선박제조, 보수관리,
        연명공사, 수리 및 개조공사
   • 구명정 사업 : 프리폴(Free-Fall)형, 그래비티형 구명정 제조 및 수리
   • 특수정 사업 : 수중무인항주체(USV선체)
   • 안전장치 : 함정용 낙하방지장치
   • 특수사업 : 풍력발전기, 방재셸터, 축제용 선박(목조 콘고), 동결방지제 등
        외형(판도라 박스), 피뢰침 받침대
   • 정비사 교육

※ 업계 점유율
   - FRP선박 : 일본 내 최고(건조허가 총 톤수와 건조량 기준, 20gt을 초과하는
        선박이 가능한 조선소를 보유한 일본 유일 업체)
   - 복합정 : 거의 독점
   - 구명정 : 10~15% 점유(중국제가 약 60%)

협력중점 FRP제 소형선박 제작, 점검

㈜ **야마하전동기** (ヤマハ発動機株式会社)

https://www.global.yamaha-motor.com

Tel 0538-32-1115

〒438-8501 静岡県磐田市新貝2500

창업 1955년 7월 1일   **자산** 861억 엔   **연매출** 2조 4,147억 엔

사업개요 • 에너지 및 4개 기술(파워트리엔, 차체·정체, 제어, 생산기술) 제품생산 및 서비스 기업

사업내용 • 바이크, 스쿠터, 전동자전거 등
  • 산업용 로봇, 무인시스템, 범용엔진, 전동휠체어 등

주요사업 • 관공청, 지자체 판매
  - 자위대 및 소방청 : 수륙구조용 수상바이크, 제트구난정, 휴대용 발전기, 방재활동용 스쿠터, 화재활동용 오토바이
  - 지방자치경찰청 : 항만감시·경계용보트, 제트경비정 관측·조사용 소형무인정
  - 구난단체 및 학교 : 해양대학 실습용업무선, 관측·조사용 무인헬기, 어업조사선
  - 지방관공청 : 댐·하천순시선, 인원수송용선
  • 개인 판매
  - 바이크, 스쿠터, 전동자전거, 스노모빌, 제설기, 보트, 수상오토바이, 발전기, 전동휠체어 등 제조
  • 법인 판매
  - 산업용 로봇, 산업용 무인헬기, 골프카, 범용엔진, 비즈니스 바이크

협력중점 소형 함정, 로봇 및 무인기 등 분야

㈜ 하코다테도크 (函館どつく株式会社)

https//www.hakodate-dock.co.jp/

Tel 0138-22-3111

Fax 0138-26-3730

〒040-8605 函館市弁天町20-3

창업 1896년   **자산** 1억 엔   **연매출** 207억 엔

사업개요 • 조선업을 중심으로 선박·함정 설계 및 제조, 수선, 개조, 점검
       • 교량 제작 및 가설 등 각종 철구조물 생산

사업내용 • 어업 감시선, 어업 조사선 제작
       • 34,000톤급 선박 수주 제작

주요사업 • 함정 수선 사업(연차점검)
       • 교량 사업

협력중점 함정 수리 및 교량 제작

함
정

㈜ 코 와 (興和株式会社)

https://www.kowa.co.jp

Tel 052-963-3033

〒460-8625 愛知県名古屋市中区錦3-6-29

창업 1894년 12월 25일   **자산** 38억 엔   **연매출** 7,432억 엔

사업개요 • 섬유, 기계, 건축자재, 선박, 광물자원, 화성품 원료 등 수출입 및
OTC · 의료용 의약품, 기구의 연구개발/제조 · 판매를 주로 실시

사업내용 • 기계/선박/건축자재/화학품/식품
• 생활 관련
• 의료용 의약품, 관련 기계
• 설비용 LED 기계/업무용 기계

주요사업 • 선박 : 예인선 등 항만/해상작업선, 벌크선(케이프형), 관측용 잠망경
• 발전소 설비 · 자원 : 화력 · 태양열 발전소 설비, 석탄
• 기계 : 자동포장기, 제약기계, 식품기계, 정제분말조사기,
부착형 약 제조설비/관련 기자재, 공작기계용 주물(鑄物)
• 에너지 관리 : 직류전기급여 시스템
• 건축자재 : 도자기 · 세라믹 원료/타일, 유리 자재, 석재, 옥외용품
• 화학품 : 의약품 · 화장품 원료 · 중간체, 식품 첨가물, 단위체(모노머),
특수화학품, 유지 · 비료 · 사료, 리튬 화합물, 요오드, 활성탄,
타이어 원료(불용성 유황)
• 식품 : 식품, 주류, 식품 원료, 건강식품 원료

협력중점 선박 관련, 의료용품 등

㈜ 다이하츠디젤 (ダイハツディーゼル株式会社)

https://www.dhtd.co.jp/ja/index.html

Tel 06-6454-2331

Fax 06-6454-2750

〒531-0076 大阪府大阪市北区大淀中1-1-30

창업 1907년 3월 1일　　**자산** 24억 엔

사업개요 • 선박용 및 범용 디젤기관 제조를 시작으로 각종 발전기 제작업체

사업내용 • 선박 부분
- 육상용 부분
- 산업기기 부문

주요사업 • 선박용 엔진 : 전기추진시스템, 발전용 디젤엔진, 추진용 디젤엔진,
　　　　　　　　자동온도 조절변, 환경규제대응, 듀얼퓨얼 엔진 도넛RD 커플링
- 육상용 엔진 : 디젤엔진(비상발전용/펌프용), 가스터빈 가스엔진
　　　　　　　　(비상발전용/펌프용), 상용 발전시스템, 자동온도조절변
- 상용발전용 시스템 : 가스엔진, 디젤엔진
- 산업기기 부문 : 알루미늄호일, 오일 미스트 경보장치,
　　　　　　　　도넛 커플링 오일미스트 모니터
- 주기관·보조기관을 인터넷 환경에서 관리/감리 가능한 차세대
　기관운용지원 서비스
- 선박 주기관과 발전기관 성능진단·잔여수명진단 서비스

협력중점 선박/육상용 엔진 분야

함
정

㈜ 코덴제작소 (株式会社光電製作所)

https://www.koden-electronics.co.jp

Tel 03-3756-6501

Fax 03-3756-6509

〒 146-0095 東京都大田区多摩川2-13-24

창업 1947년 10월 3일   **자산** 1억 엔   **연매출** 52억 엔

사업개요
- 전자기술을 다루던 해군기술연구소와 전파운용을 담당하는 체신성과 국제전기통신주식회사 출신자가 모여서 창립
- 음파 · 전파 · 광파 등 센서 및 정보통신처리기술을 활용상품 개발

사업내용
- 선박용 전자기기
- 산업용 전자기기
- 정보시스템 기기

주요사업
- 항해레이더(MDC시리즈), GPS 플로터(GTD-121/161), 어군탐지기(CVS시리즈)
- 소나(KDS, ESR 시리즈)
- GPS 항법장치, GPS 컴퍼스(KGC-222), GPS 센서
- 무선 방향측정기
- 신호 변환기, 변환처리기, 입력기(N-RO-144B 1SE, 2SE)
- 은닉장치(YSC-24 2SE, YSC-27 2SE)
- 전파측정 처리장치(GSCR-556) 및 안테나, 수신기록장치 등 정비
- 신호처리장치(E-1072), MIMO 위상조정 시뮬레이터(E-1100B)
- AIS Class B 장치

협력중점 소나, 레이더, 항법장치 등 전자장비

㈜ **OKI Seatec.Co.** (株式会社オキシーテック)

https://www.oki-oce.jp

Tel 055-946-1111

Fax 055-946-1117

〒410-0223 静岡県沼津市浦三津537-5

창업 1987년 6월　　**자산** 5,000만 엔

사업개요
- 수중에서의 각종 계측 · 분석, 수중공사 관련 음향계측 등 실시
- 해저지진계 음향시험 및 항타선의 잡음시험 등 계측 실시
- 수중용 음향계측기기 제조 · 판매. 오키전기공업의 계열사

사업내용
- 수중음향설계 : 상호 · 비교감도교정(해상, 수조, 커플러), 지향성 설계 등
- 엔지니어링 : 각종 해상시험 컨설팅, 계획 책정, 실시 등
- 설계 · 제조 · 평가 : 송수파기 설계 · 제조, 각종 전자회로 설계 등

주요사업
- 계측 바지선(SEATEC II), 계측선(제2이코이마루, 제8마루산마루), 모터보트(SEATEC Jr.), 지원선
- 수중음향변환기, 멀티빔 심도측량시스템, 가반보트형 멀티빔 측심기, 앰프, 전원박스, 위치표시장치, 특수용 송수신기
- 방폭형 전파수신기, 실험용 전파수신기, 플랜지 추가 전파수신기
- 광대역 모의신호 송수신시험 관련 지원 작업('17. 11. 14.), 해면실험용('14. 1. 14.)(함정장비연구소)

협력중점 각종 계측기 등 전자장치

함
정

함-12 ㈜ 키타자와전기제작소 (株式会社北澤電機製作所)

www.kitazawadenki.co.jp

Te 0265-82-3161

Fax 0265-82-3353

〒940-8605 新潟県長岡市城岡2-8-1

창업 1920년 11월   **자산** 1,248만 엔   **연매출** 32억 엔

사업개요 • 함정용 전기기기와 부품, 산업용, 철도·건설차량용 부품,
기계가공품·성형(成形)품 및 각종 부품 소량 생산

사업내용 • 함정용 전기기기
• 상선용 전기기기
• 일반 산업용 전기기기
• 철도·건설 차량용 전기기기

주요사업 • 함정용 전기기기 : 직류 1,000v용 로터 스위치, 표시등, 버튼,
스위치 유닛, 로터 스위치, 단자판, 퓨즈대,
EMI그랜드, 수밀전선 관통 철물, 분전판 등
• 상선용 전기기기 : 방폭형 휴대용 전등, 선박용 전자판, 스위치, 냉동 콘테이너용
플러그 및 전기공급 연결함, 소켓, 모니터 감시판넬
• 일반 산업용 전기기기 : FA기기용 단자대 커넥터, 컨트롤러, 각종 컴스위치,
범용 단자판, 각종 집진고리, 프레스 부품
• 철도·건설 차량용 전기기기 : 단자판, 커넥터, 릴레이박스, 로터리 브러시,
스트록 센서, 크레인 차량, 고층 작업차

협력중점 함정용 전자기기 등 부품

㈜ JMU디펜스시스템즈 (JMU ディフェンスシステムズ株式会社)

https://job.mynavi.jp/20/pc/search/corp108911/outline.html

Tel 0773-62-8760

Fax 0773-62-8719

〒625-8501 京都府舞鶴市字余部下1180

창업 1901년   **자산** 5,000만 엔   **연매출** 54억 엔

사업개요 • 방위성의 중기방위력정비계획에 따른 각종 장비품 등의 개발, 설계,
제조, 검사, 수리 및 민간로봇개발, 검사수리를 일관 실시

사업내용 • 수중무기제품

• 함정장비품

• 육상자위대장비품

• 메카토로제품

주요사업 • 방위성 : 각종 장비품 개발, 설계, 제조, A/S(약 90%)

• 민간용 : 조선용, 철골용, 교량용 용접로봇 등의 메카토로제품
개발, 설계, 제조 발전소·수족관용 수중청소 로봇

• 해상자위대 기뢰·폭뢰·소해구 등의 수중무기 제품, 對기뢰전용
소해시스템, 함정용 해상 보급장치, 양정기, 양수용 크레인,
자동조타 장치 등의 장비품

• 육상자위대 수륙양용차, 제염장치 등의 각종 개발 제조

• 장비 개발·제안·설계·제조·정기정비·수리를 일관적으로 실시

협력중점 함정, 수중무기 등 관련 부품

함
정

https://ocean-eng.com

Tel 029-897-3151

Fax 029-897-3152

〒305-0841 茨城県つくば市御幸が丘43

창업 1973년 4월 5일　　**자산** 5,000만 엔

사업개요 • 해양조사를 전문으로 하는 기업
- 해양 관련 종합 컨설턴트 업무

사업내용 • 심도 측량업무
- 지질조사 업무(음파조사, 저질조사 등)
- 측량, 조사데이터 분석업무

주요사업 • 해저지형 측량 : 해도 수정·측량, 해저케이블·파이프라인 부설시
루트 조사, 확인 조사, 시공관리, 수중구조물 조사,
어장 조사, 하천 및 댐지역 조사 등
- 해저면 탐사 : 가교 등 기초확인 조사, 인공어초 등 구조물 조사, 침몰선,
수중유실물 조사, 항만구조물 형상조사, 조장 조사 등
- 지질조사 : 항만, 가교 구조물 기초지반조사, 해저케이블 부설시 표층지질 조사,
해역, 하천지역 활단층 조사, 인공섬, 해양입지 관련 지반조사 등

※ 납품처 : 방위성, 해상보안청, 동경도청 등 지자체
- '18. 5. 28. : 치바 등표(燈標) 해저 전력케이블 루트 조사(해상보안청)
- '14. 10. 31. : 사이드 스캔 소나 예항 지원(기술연구본부)

협력중점 해양조사 관련 기술

㈜ 코마츠제작소 (株式会社小松製作所)

https://home.komatsu/jp

Tel 03-5561-4711

〒107-8414 東京都港区赤さか2-3-6

창업 1921년 5월 13일   **자산** 696억 엔   **연매출** 3조 5,434억 엔

사업개요 • 코마츠제작소는 본사를 포함한 252개사로 구성
 (본사 및 자회사 총 212개사, 지분법 적용회사 40개사)

사업내용 • 건설기자재·차량 : 건설·광물기기, 지게차, 자원 재활용 기구,
 지하건설 기자재
 • 산업기계 : 프레스·판금기계, 공작기계

주요사업 • 방위 : 경장갑기동차, 87식 정찰경계차, 87식 포측탄약차,
 96식 장륜장갑차. 화학 방호차, 120mm JM1유탄,
 120mm TKG, JM12A1 대전차 유탄, 항공기 견인차(20톤),
 91식 105mm 다목적대전차 유탄
 • 건설·광산기계 : 포크레인, 불도저, 휠로더, 로프 굴삭기,
 컨티뉴어스 마이너, 덤프트럭, 모터 그레이더
 - 75식 소형/중형(1형/4형)/대형 휠로더(일반용)/중형 휠로더
 1형 5대/4형 5대(3. 20.)(장비청)
 - 그레이더 1형 : 10대('19. 3. 20., 장비청)
 - 지게차(3.5톤) : 1대('19. 3. 22., 장비청)
 • 소형 건설기계 : 미니 포크레인, 포크리프트
 • 임업 기계 : 수확기
 • 자원재활용 기계 : 자주식 분쇄기
 • 산업용 기계 : 대형 프레스, 광섬유 레이저 가공기, 자동반송형 가공기계
 (Transfer machine)

- 부품, 엔진, 구조물

협력중점 중장비 차량
(포크레인, 불도저, 휠로더, 로프굴삭기, 컨티뉴어스 마이너,
덤프트럭, 모터 그레이더)

㈜ 이스즈자동차 (いすゞ自動車株式会社)

https://www.isuzu.co.jp

Tel 03-5471-1141

Fax 03-3522-4709

〒140-8722 東京都品川区南大井6-26-1 大森ベルボートA館

창업 1937년 4월 　**자산** 4,060억 엔 　**연매출** 3조 1,955억 엔

사업개요 • 주로 소·중·대형트럭, 버스를 제작하는 자동차 대기업임.
　　　　　예전에는 제너럴모터스 관련 회사였으나,
　　　　　'06년 4월 자본관계 해소, 자동차용 디젤엔진, 산업용 디젤엔진 등도 제작

사업내용 • 일본 점유율 소형트럭 1위, 일반트럭 2위('17년 기준)
　　　　　• 버스
　　　　　• 산업용 디젤엔진
　　　　　• 해외 판매량이 전체의 60%

주요사업 • SKW(3.5톤 트럭, 육상자위대), 냉장냉동차, 오염제거차 등

협력중점 차량 및 엔진 등

차량

육상

㈜ 미쓰비시중특수차량서비스 (三菱重特殊車両サービス株式会社)

https://www.mhi-rts.co.jp

Tel 03-3226-5191

〒 160-0001 東京都新宿区片町4-3 曙橋SHKビル3階

창업 1984년 3월 1일　**자산** 3,000만 엔　**연매출** 81억 엔

사업개요　• 일본 내 전차 등 전투차량의 유지보수를 실시하는 유일한 민간기업

사업내용　• 전투차량의 오버홀 수리

　　　　　• 전투차량의 보충부품 판매

주요사업　• 오버홀(Overhaul) 수리

　　　　　- 장기간 사용된 전차 등 전투차량에 오버홀을 실시,

　　　　　　신차와 동등한 기능·성능으로 복원

　　　　　- 전국 40개의 육상자위대 부대거점으로 한 차량정비

　　　　　• 전투차량의 보충부품 판매

　　　　　- 육자대 부대를 정기적으로 방문, 전투차량의 부품을 교체

　　　　　※ 미츠비시중공업에서 생산된 특수차량의

　　　　　　수리를 담당하는 사업체로 독립된 법인

협력중점　육상자위대 전투차량 정비 및 부품교체

㈜ 오오하라철공소 (株式会社大原鉄工所)

https://www.oharacorp.co.jp

Tel 0258-24-2350

Fax 0258-24-8201

〒 940-8605 新潟県長岡市城岡2-8-1

창업 1940년 3월   **자산** 4,500만 엔   **연매출** 63억 엔

사업개요 • 니이가타현에 본사를 둔 환경기계, 수송기계 업체

사업내용 • 환경사업
   • 차량사업
   • 수문기계
   • 하수처리시설
   • 공항기계
   • 석유 · 천연가스 · 지열 · 온천 · 우물 채굴기계

주요사업 • 환경사업 : 폐기물/재활용 처리기기, 각종 파쇄기, 분류기 등
   • 차량사업 : 각종 용도의 설상차(자위대용, 스키장 게렌데 정비용) 등
      - 78식 설상차(차체, '19. 3. 8.), 53식 설상차
      - 10식 설상차(제 2단계 10식 설상차용 특수공구세트, 방위장비청, '18. 11. 6.)
   • 수문기계 : 소형 수력발전시스템, 육상용 자율 플랩게이트(방재용)
   • 하수처리시설 : 소화가스 발전설비, 오염지설비, 오염수 설비, 공기정화장치
   • 공항기계 : 소화전밸브(Hydrant Pit)
   • 석유 · 천연가스 · 지열 · 온천 · 우물 채굴기계 : 석유 · 가스채굴기,
                                    바이오가스발전설비 등
   • 훈련장 정비기자재 V형(압설차)

협력중점 설상차 등 특수차량 분야

차량

육상

㈜미쓰비시자동차공업 (三菱自動車工業株式会社)

https://www.mitsubishi-motors.com

Tel 03-3456-1111

〒100-8410 東京都港区芝浦3-1-21 msb Tamachi田町ステーションタワ-S

창업 1970년 4월 22일　　**자산** 2,843억 엔　　**연매출** 2조 4,581억 엔

사업개요 • 일본 자동차 업체로서, 1970년 미쓰비시중공업에서 독립
　　　　　 • 세계 최초의 양산 전기차 개발 성공

사업내용 • 자동차 생산

주요사업 • 자동차 : SUV, 세단, 미니 밴, 경자동차
　　　　　 • 73식 소형트럭 : 자위대의 범용 소용차량
　　　　　 • 특수 차량
　　　　　 • 자동차 부품 : 1.2t 트럭 엔진, 장갑차용 특수공구 등 부품

협력중점 특수차량 관련 기술 및 부품

㈜ **도요타자동차** (トヨタ自動車株式会社)

https://www.global.toyota/

Tel 0565-28-2121

〒471-8571 愛知県豊田市トヨタ町1番地

창업 1937년 8월 28일   **자산** 6,354억 엔   **연매출** 29조 엔

사업개요 • 자동차 생산·판매를 주축으로 기업 스포츠를 통해 지역사회에 공헌

사업내용 • 사회공헌 : 환경, 교통안전, 인재육성, 복지차량 제조 판매
        • 항공/우주 : JAXA와 국제우주탐사 미션 도전

주요사업 • 자동차 생산·판매(군용 차량은 전체 생산량의 0.001% 정도)
        • 고기동차 : 육상자위대 보통과 부대의 기동력 향상을 위해 개발

협력중점 특수차량

차량

육상

㈜ GH CRAFT (株式会社ジーエイチクラフト)

https://www.ghcraft.com

Tel 0550-89-8680

Fax 0550-89-8682

〒 412-0048 静岡県御殿場市板妻733

창업 1972년 8월 28일   **자산** 1억 엔

사업개요 • GH CRAFT는 요트제작 회사로 시작하여,
현재는 복합재 구조를 이용한 각종 차량, 기계를 설계 · 제작

사업내용 • 각종 설계
• 탄소섬유를 이용한 초경량 수송기체 구조 개발

주요사업 • 무인기(QTW-UAS) 제작
• 우주 왕복 기술 시험기(HOPE-X) 시제품 개발 · 제작
• 선박의 복합재 접촉면 내구성 향상 연구,
피탐지가능성 낮춘(低 シグネチャ) 함정 기술 연구 및 시제품 제작
• 어댑티브익 보수(적층형 복합재 사용으로 하중을 줄여
자율적으로 변형가능한 날개)
• 차세대 교통시스템(TOYOTA IMTS) 차체 개발 · 시제품 제작,
발 틸트 윙형 다목적 VTOL 무인기
(QTW-UAV) 연구개발
(신항공수송시스템연구조합, JAXA, 치바대학 츠쿠바 연구실과 공동연구 중)
• Duct 추가 소형풍력발전장치 개발

협력중점 차량, 무인기, 차세대 교통시스템 등

㈜ 도시바전파프로덕트 (東芝電波プロダクツ株式会社)

https://www.toshiba.co.jp/tept/

Tel 044-548-5235

Fax 044-555-6146

〒212-0001 神奈川県川崎市幸区小向東芝町1

창업 1963년 1월 16일   **자산** 12억 엔   **연매출** 157억 엔

사업개요
- 도시바 그룹이 담당하는 방위사업의 중추적인 회사
- 레이더 등 전파응용기기 및 관련 전자기기를 개발 · 제조 · 유지 정비를 통해 사회에 제공함

사업내용
- 시스템 제조사업
- 정비 및 서비스사업

주요사업
- 시스템 제조사업
  - 방위기기 : 항공기탑재기기, 유도시스템, 레이더시스템, 시뮬레이터 시스템, 적외선 응용시스템, 정보 관련 시스템, 훈련기재, 정비기재
  - 전파응용기기 : 항공보안 · 관제시스템, 기상레이더 시스템
  - 전자응용기기 : 특수정원기기
  - 구상설계, 시스템설계, 기기설계, 제조 · 시작 · 시험 · 평가
- 정비 및 서비스사업
  - 시스템 정비
  - 소프트웨어 정비
  - 기기 수리, 정비

※ 방위성 수주 실적
   - '24. 3. 14. : 중사거리용 프로젝터

- '22. 6. 13. : 항공 무기 디스플레이
- '19. 11. 12. : 기상 레이더 장치
- '18. 9. 28. : E-2C유지관리 업무
- '18. 9. 26. : 관성항법장치(AN/ASN-109) 구성품 수리
- '18. 3. 30. : 송신 증폭기
- '18. 2. 28. : 광파 센서 본체 진단 및 정비

협력중점 시스템 관리

㈜ 풍 국 (株式会社 豊國)

https://www.houkoku.cc/

Tel 0745-57-1502

Fax 0745-57-1503

〒636-0053 奈良県北葛城群河合町池部2-7-5

창업 1989년 3월   **자산** 8천만 엔   **연매출** 51억 엔

사업개요 • 건축 및 토목업을 중심으로 태양광시스템 및 아시바 설치/해체

사업내용 • 자원/에너지 : 태양광시스템
• 사회 인프라 : 종합건설업의 이점을 살려 도로, 하천 토목공사
• 사업 기계 : 철골 공사, 철골 제작 및 가공

주요사업 • 태양광시스템 설치 시공
• 도로 교각의 철골 제작 및 가공
• 철강 구조물 사업 및 CAD 도면작업
• 건설자재 및 도로 하천공사 관련 토목 자재 판매

※ 납품처 : 오사카부청 등 관공서 및 민간
 - '20. 1. 7. : 배수관시설 공사(오사카 사카이시청)
 - '19.10.28. : 오사카부 영계영원 중층 對火주택 철거공사(오카사부청)
 - '19. 6.28. : 문화재보존사무소 가설 자재 구입(나라현청)
 - '18.12.20. : 공원 식물 관리 업무(나라현청)

협력중점 토목공사 및 교량교각 철골 제작/가공

차량

육상

㈜ 일본항공전자공업 (日本航空電子工業株式会社)

https://www.jae.com/

Tel 03-3780-2711

Fax 03-3780-2733

〒 150-0043 東京都渋谷区道玄坂1-21-1

창업 1953년 8월 20일 **자산** 106억 엔 **연매출** 2,359억 엔

사업개요 • 커넥트 사업, 인터페이스 솔루션 사업, 항공기 사업 3개 분야 중점 사업

사업내용 • 커넥트 사업 : 접속 신뢰성 기술, 고속 전송 설계 기술,
　　　　　　　　　　프레스몰트 가공 처리 기술, 정밀조립 가공 자동화 기술
　　　　　　• 인터페이스 솔류션 사업 : 터치 입력 기술, 스위치 접점 기술
　　　　　　• 항공기 기술 : 정밀 메카 토닉 기술, 극한환경 대응 기술

주요사업 • 기판대 기판용 커넥트, SD카드용 커넥트, 자동차용 커넥트 생산
　　　　　　• 차량용 터치 패널, 광학용 터치 패널 조작 패널 제작 판매
　　　　　　• 로켓용 관성센서 유니트 제작 판매

※ 방위성 수주 실적
　- '22. 3. 2. : F-15용 자동조종장치 기능시험장치
　- '22. 1. 19. : 전파고도계 시험기
　- '19. 5. 24. : JEM탑재용 ELF 시험연료홀더 제작(우주항공연구개발기구)
　- '19. 12. 13. : Transmitter, AOA 조립(항공보급처)

협력중점 센서 관련 부품

㈜ **요코하마고무** (横浜ゴム株式会社)

https://www.y-yokohama.com

Tel 03-5400-453

〒105-8685 東京都港区新橋5-36-11

창업 1917년 10월 13일　**자산** 389억 엔　**연매출** 6,502억 엔

사업개요　• 차량 타이어를 시작으로 공업용품, 스포츠용품 등을 생산하는 기업

사업내용　• 타이어(승용차 등), 타이어 호일
　　　　　• MB(고압호스 등)
　　　　　• 스포츠용품(골프)

주요사업　• 타이어 및 휠
　　　　　- 승용차, 트럭, 버스, 건설용 차량 등 타이어, 자동차 관련 용품
　　　　　• MB(공업품, 항공부품)
　　　　　- 호스배관사업(자동차나 건설기계, 각종 공작기기의 고압호스)
　　　　　- 항공기용 중심의 화장실 유닛, 음료수 탱크, 경량구조제를 방위성에 판매
　　　　　• 스포츠용품(골프용품)

협력중점　항공기용 중심 화장실 유닛, 음료수 탱크, 경량구조제

차량

육상

㈜ NEC 네트워크 · 센서 (ＮＥＣネットワーク・センサ株式会社)

https://www.necnets.co.jp

Tel 042-333-6780

〒183-8501 東京都府中市日新町1-10 NEC府中事業場

창업 1999년 6월 25일   **자산** 2억 엔   **연매출** 283억 엔

사업개요
- NEC(IT 기술회사)의 자회사로 주로 항공우주 · 방위 관련 사업을 함.
- 통신전자기기 및 관련 기기의 설계 · 제조 · 판매 및 보수유지 실시

사업내용
- 제품 : 컴퓨터, 서버, 소프트웨어, 네트워크 기기, 축전지, 카메라 등
- 시스템 구축 : 보안, AI, 네트워크망, 클라우드 등

주요사업
- 방위 관련 사업 : 방공레이더, 소나, 무선통신장치 등 각종 통신장치 센서 시스템 개발 · 설계 · 제조 보수 · 유지
- 항공 관련 사업 : 항공관제시스템을 구성하는 통신 · 전자장치 생산
- 우주 관계 사업 : 심우주 조사기의 대전력 송신장치를 구성하는 통신전자장치의 개발 · 제조 · 보수 · 유지 실시
- 마이크로파관 사업 : 위성통신 · 레이더파 등에 사용되는 마이크로파관 (주로 진행파관) 및 MPM(마이크로파 파워모듈) 개발 · 제조 · 보수 · 유지

협력중점 레이더, 소나, 관제 등 통신전자장비 분야

㈜ 후루노전기 (古野電気株式会社)

https://www.furuno.co.jp

Tel 0798-65-2111

〒662-8580 兵庫県西宮市葦原町9-52

창업 1951년 5월 23일   **자산** 75억 3,400만 엔   **연매출** 821억 엔

사업개요 • 세계 최초로 어군탐지기를 실용화
 • 어선 프리저보트, 상선 전자기기, 선박용 전자기기 등 생산

사업내용 • 어군탐지기용 초음파 진동자, 소나, 무선통신 장치
 • 대형상선, 어선과 소형워크보트의 선박용 전자기기 · 서비스 제공
 • 어업 관련 사업

주요사업 • 어업 관련 사업
   - 어군탐지기, 무선통신장치, 소나(전방/좌우/기울임 방향 등 확인)
 • 레저보트 · 소형 워크보트 사업
   - 네트워크대응항해기기, GPS플로터, 어군탐지기, 오토파일럿
   - 선박용 레이더
     (전파를 이용한 해상의 다른 선박과 섬의 물표를 포착하는 레이더)
   - 선박자동식별장치(AIS)
   - 전자지도 정보표시 시스템(ECDIS)

협력중점 함선용 부품

통신
전자

㈜미쓰비시프레시젼 (三菱プレシジョン株式会社)

https://www.mpcnet.co.jp

Tel 03-5531-8060

Fax 03-5531-8142

〒135-0063 東京都江東区有め明3-5-7 OC有明イーストタワ13階

창업 1962년 5월 11일　**자산** 31억 6,725만 엔　**연매출** 182억 엔

사업개요 ・ 항법장치와 비행 시뮬레이터의 설계・제조회사

사업내용 ・ 시뮬레이션 사업
・ 항공・우주・관성・전파사업
・ 파킹사업

주요사업 ・ 시뮬레이션 사업
  - 자동차교습, 승무원양성 등 운전교육・훈련, 연구・개발 용도
・ 항공・우주・관성・전파사업
  - 소형안테나설계, 전파속도계, 고속신호처리
  - 일본의 첫 인공위성 '오스미'의 로켓자세제어장치, 인공위성 탑재기기의 개발・제조
  - 전자응용기기 : 대용량데이터 실시간기록・해석장치
  - 각종 센서 제작
・ 파킹사업 : 주차장 관련 개설 및 시스템 제공

협력중점 시뮬레이터

㈜ 오키전기공업 (沖電気工業株式会社)

http://www.oki.com

Tel 03-3501-3111

〒 410-0223 静岡県沼津市浦三津537-5

창업 1888년 1월　　**자산** 440억 엔　　**연매출** 4,415억 엔

사업개요
- 일본 최초의 통신기 기업체로 창업 이후 130년 이상 지속
- NTT 그룹과 깊은 관계
- 정보통신, 메카트로시스템, EMS, 프린터 등 제조, 판매 및 관련 시스템 구축, 공사·보수 등 사업 실시

사업내용
- 정보통신 : 전화교환기, 각종 네트워크기기 등
- 각종 인프라 : 화재방지시스템, 교통시스템
- 방위시스템 : 잠수함 소나시스템, 소노부이, 야외 통신시스템
- 메카트로시스템 : 자동화기기, 발권단말 등

주요사업
- 방위성 통신네트워크 보전관리시스템 담당
- 미래 잠수함용 소나 시스템 연구·시제품 제작, 소나 장치(ZQQ-8)
- 잠수함 소나 ZQQ-6,7용 CIRCUIT CARD ASSY 외(카나가와 함정보급처), 수상함용 소나시스템, OQQ용 ORDALT KIT('19. 3. 25.)
- ZQQ-6,7용 PLUG, SIGNAL PROCESSING SERVER 등('19. 3. 22.)
- 가변심도 소나시스템 성능시험 관련 준비철수 작업 (기술연구본부 함정장비연구소)('15. 4. 20.)
- 전기교환 시스템용 기자재 대여
- 특정 소방구급 디지털 무선기기 ('17. 3~5월간 부당 거래제한 금지위반으로 지명을 정지당한 바 있음)

협력중점 소나, 시스템 구축 등

통신
전자

http://www.kaiyo-denshi.co.jp

Tel 045-777-1241
Fax 045-771-1248
〒236-0002 神奈川県横浜市金沢区鳥浜町12-51
창업 1951년 6월 15일　　자산 6,132만 엔

사업개요　• 통신공업회사로 창업하여 해상보안청 및 미무선기 정비 · 개조 업무를
　　　　　　실시한 것이 시작. 이후 해상경비대 발족 후 미공여함정에 전자기기를,
　　　　　　해자대장비 전자기기 등의 정비업무도 추가
　　　　• 무선 · 라디오 · 통신기기, 정밀기기 등 개발 · 설계 · 제조 · 보수 · 정비

사업내용　• 정비 : 주로 함정탑재 통신기기를 정기검사 · 문제 제거, 공자대 장비 정비 · 수리
　　　　• 설계 · 제조 : 방위통신 시스템 엔지니어링, 아날로그 · 디지털 회선설계, 구조,
　　　　　　　　　　　소프트웨어 설계 등

주요사업　• 공자대 레이더 사이트 관련 업무
　　　　• 항법기기, 통신기기(위성통신장치, 레이더, 소나, 통신기기,
　　　　　선박탑재통신전자기재 등) 개발, 설계, 제조 및 보수정비
　　　　• 통신용 전자기기, 제어용전자기기, 측정용전기기기의 설계 · 제조
　　　　• 방사선 검지장치 MVM-1000용 SENSOR SD(카나가와 함정보급처, '19. 3. 20.)
　　　　• 무기용 부품(L2TPV3, 카나가와 함정보급처, '19. 3. 8.)
　　　　• 해양 터미널 수리(구레총감부, '19. 2. 13.)
　　　　• 통신기기용 무정전 전원장치통합화 관련 연구('16. 5. 13.)

협력중점　전자기기 정비

㈜ **MCC** (株式会社エム・シー・シー)

http://www.mccast.co.jp/

Tel 03-6435-8121

〒 105-0004 東京都港区新橋6-17-21 住友不動產御成門駅前ビル9階

창업 1986년 9월 9일　**자산** 4억 엔　**연매출** 6,600만 엔

사업개요	• 통신위성을 이용한 전기통신 서비스를 제공
	• 일본 및 북서태평양 해역을 커버함
	• 통신위성 '슈퍼버드' 탑재 위성통신용 X밴드 중계기를 소유
	• 대기업 스카파, 미츠비시전기, 일본전기, 도시바인프라에서 각 1/4씩 출자
	(스카파 27.5%, 미츠비시전기 25%, 일본전기 25%, 도시바인프라 12.5%)
사업내용	• 소프트웨어 개발
	• 기술자 파견(일반파견 포함)
	• 컴퓨터 관련 서포트 업무
주요사업	• 위성통신용 X밴드 중계기를 통한 함정, 항공기, 지상이동체 간 거점 및
	디지털 위성 통신 네트워크 구축(방위성 · 자위대)
협력중점	통신위성 시스템, 소프트웨어

통신

전자

㈜HYS엔지니어링서비스 (株式会社ＨＹＳエンジニアリングサービス)

http://www.hitachi-kousai.co.jp

Tel 042-320-5931

〒187-8512 東京都小平市御幸町32

창업 1959년 6월 1일   **자산** 1억 엔

사업개요
- 통신, 영상기기 보수, 운용지원, 설치공사, 방위정비 등이 주 업무
- 히타치 국제전기의 연결 자회사

사업내용
- 보수서비스 : 보수계약, 즉시 수리, AS, 스폿 점검계약, 이설/증설계약, 해체/철거계약, 측정기 교정, 예비기 대여, 무선통신용 부품, TV 공동수신
- 운용 지원 : 원격관리, 알람감시, 교육, 이동진단조사, 무선국 면허 등록/갱신
- 설치 공사 : CCTV, 정보/보안시스템
- 콜센터, 설비 관리, 디자인 서비스, 안테나 제품
- 방위제품 : 육상 차량, 함정, 항공기, 지상송수신소 통신소에 사용되는 무선기자재 수리ㆍ보수

주요사업
- 육상 : 회전익 탑재용 HF 무선기, 음성처리장치, 통신통합장치
- 해상 : 항공기탑재 및 육상고정용 HF/UHF 무선기, 음성처리장치, 테스트 벤치
- 항공 : 항공기탑재용 HF 무선기, 지상용 기기 HF/VHF/UHF 무선기, UHF 다중무선기, 휴대용기기 VHF/UHF 무선기, 경비감시용기기, 경비보전감시장치, 벙커 감사장치 등

협력중점 해육상 통신장비, 항공 관련 장치 등

㈜NTT커뮤니케이션즈 (エヌ・ティ・ティ・コミュニケーションズ株式会社)

http://www.ntt.com

Tel 03-6700-3000

〒100-8019 東京都千代田区大手町2-3-1 大手町プレイスウエストタワー

창업 2003년 7월 1일   **자산** 2,309억 엔   **연매출** 9,000억 엔

사업개요 • 통신서비스 제공

사업내용 • 서비스 : 클라우드, 네트워크, 데이터센터, 음성데이터, 보안관리,
　　　　　　　어플리케이션, AI, 모바일 등
• 컨설팅 : 상기 서비스 대상 컨설팅

주요사업 • 방위성 시스템 네트워크 및 사이버
• 방위성 X밴드 위성통신 중계기능 정비 및 운영 사업
• 방위정보통신기반(DII) 정비 및 디지털 통신망 유지 사업
• 시스템용 네트워크 조달
• 기술지원 : 사이버 방호대처 분석업무 지원(위협정보 수집·정리,
　　　　　　 사이버 공격수단 분석지원, '13~17년), 사이버 정보수집장치 정비
　　　　　　 (시스템 운영지원, 공격영향평가·대책수립지원)
• 글로벌 기업 및 거래처 등 대기업 공격 보안 관련 대책
• 특수전용선 사업 : TV쇼핑 중계회선, 라디오 중계회선
• 특수전화 사업 : 프리 다이얼, 네비 다이얼, 텔레콤, 멤버 넷
• 애플리케이션 : 파일공유, 가상 데스크톱, 메일, 콘텐츠배급

협력중점 시스템 네트워크, 사이버 방호 등

통신
전자

㈜ NTT데이터 (株式会社エヌ・ティ・ティ・データ)

http://www.nttdata.com

Tel 03-5546-8202

〒135-6033 東京都江東区豊洲3-3-3 豊洲センタービ

창업 1988년 5월 23일　**자산** 1,425억 엔　**연매출** 2조 1,171억 엔

사업개요
- 데이터통신 및 시스템 구축사업을 실시하는 기업임
- 모회사 일본전신전화(NTT)는 우정국 외곽단체 형태로 설립되었으나, '85년 통신사업법 개정으로 민영화되고, '88년 그중 데이터 통신본부가 NTT DATA 통신회사로 분리되었음

사업내용
- 시스템 인터그레이션 사업
- 네트워크 시스템 서비스 사업
- 기타 관련 사업

주요사업
- 항공로 레이더 정보처리시스템(항공관제)
- 관공청 관련 : E문서 시스템(OCR 변환 문서관리시스템),
  스캐너 로봇, 영상분석 감시, 자율형 카메라 감시시스템,
  컬러코드 활용 자료관리업무 지원, 도로감시카메라,
  국토공간데이터 기반구상(NSDI),
  관공청 회계사무 데이터통신 시스템
- 방 재 : AW3D 전 세계 디지털 3D지도 제작,
  방재 커뮤니케이션 시스템(전화선 활용)
- 비즈니스 어플리케이션 : 고객관리, 통합업무, 재무회계
- 테크놀로지 : AI, 시스템 기반설계, 보안인증, 결제, 빅 데이터
- IT인프라 · 운용 : 네트워크, 텔레센터, 보안인증, 아웃소싱

※ 방위성 수주 실적
- '18. 11. 9. : 미일 연계기능 관련 기기 등 현황조사 업무 수주
- '18. 2. 6. : 공자대 방공지휘군(후추기지) 연구개발용 데이터베이스 조사 연구 수주
- '18년 : 방위성ㆍ자위대 클라우드 구축을 위한 기술지원

협력중점 시스템 구축

㈜ 삼파공업 (三波工業株式会社)

http://www.oharacorp.co.jp

Tel 045-791-5190
Fax 045-791-5227
〒 神奈川県横浜市金沢区福浦1-12-12
창업 1946년 11월 3일   **자산** 1억 엔

사업개요 • 함정/항공기 탑재 각종 기자재 설계, 제조 및 정비, 함정 건조에
수반되는 각종 전투시스템 의장 지원 및 시스템 엔지니어링

사업내용 • 정비 : 해자대 함정/잠수함/항공기 탑재 전자기기 정비
• 제조 : 함정, 잠수함, 항공기 탑재용 전자기기, 기지 등에 필요한 기자재 제조
• 시스템 엔지니어링 : 여러 회사 부품이 탑재된 함정 시스템의 종합설명서 작성
등 실시

주요사업 • 정비
- 함정 장비 정비 : 고성능 20mm 기관포, 해사위성용 안테나, 대미위성통신
안테나, 사격지휘장치 방위문자판, 일루미네이터, 헬기
링크안테나, 인마셋 안테나, 정밀계 안테나
- 항공기 정비, 신건조함 의장지원
• 제조
- 방위성 관계 : 함정탑재용 통신 안테나 및 각종 전자기구, 함대 기지 등
훈련용 기구 및 정비용 기구, 해자대 항공기지용
육상지원 기구, 조선소 협력 작업을 통한
함정 모형을 제작해 안테나 특성 측정

협력중점 전자기기

㈜ 에일리엔지니어링 (株式会社エイリイ・エンジニアリング)

http://www.alae.co.jp

Tel 042-983-1701

Fax 042-983-1709

〒357-0021 埼玉県飯能市大字双柳1054

창업 1978년 4월 5일　　자산 1억 엔

사업개요 • 에일리엔지니어링은 '78년 방위성(항공자위대) 운용의
　　　　　　 광전자기기 정비를 목적으로 창업

　　　　　• '18년 6월 전자기계기 전문업체인 일본전계(日本電計)가
　　　　　　 주식 취득을 통해 자회사화

　　　　　• 광학전자기기의 저환경 시험장치, 온도제어장치 설계 제조

사업내용 • 우주·항공기·선박·차량 등 탑재 및 지상통신전자·전파유도광전과
　　　　　　 관련 기기 제고 보수

　　　　　• 교육훈련기자재 및 상기 관련 정비지원, 기자재 제조·수리

　　　　　• 계측기 및 관련 기자재 제조·수리·교정

　　　　　• 노동자 파견 및 관련 업무

주요사업 • 정비 : 항공탑재 정찰용 각종 카메라, 항공기탑재용 전자기기,
　　　　　　　　 패트리어트 구성품, 표적 예항장치, 함정 관련 장치,
　　　　　　　　 마찰금속 분광분석기, 항공관제 레이더 장치 및 구성품, 계측기 교정

　　　　　• 개발품 : 적외선 유도미사일 표적, NAV/COM시험제어기,
　　　　　　　　　 CH-47J용 와이어링 하네스, 카메라 컨트롤 데이터 전송장치

　　　　　• 시험장치 : 환경 및 각종 텔레미터 시험장치, 적외선 비파괴조사장치

협력중점 통신전자·전파 관련 기기 등

통신
전자

147

㈜ 도쿄계기 (東京計器株式会社)

https://www.tokyokeiki.jp/

Tel 03-3732-2111

Fax 03-3736-0261

〒144-8551 東京都大田区南蒲田2-16-46

창업 1896년 5월 1일   **자산** 71억 엔

사업개요 • 계측, 인식, 제어와 같은 인간의 감각의 기능을 일렉트로닉스를 비롯한 첨단기술로 상품화하는 사업을 핵심으로 사회에 공헌

사업내용 • 선박기기, 유압제어, 계측기기, 통신제어, 검사기기, 철도보선, 건설, 방재, 관성센서, 방위, 해상교통, 전자

주요사업 • 방위산업
- 항공기 : 레이더 경계장치/역탐장치, 레이더 지시기, 자이로 마그네틱 컴퍼스, 자세방위 기준장치, 대기제원계산기, 가속도계, 유압기기
- 지상전자기기 : 수색용 레이더장치, 유사전자 발생장치, 지도신호발생기
- 함정탑재기기 : 자이로 컴퍼스, 관성항법장치, 레이더 지시계, 대세작도장치, 함교용 전자해도표시장치, 전술상황 표시장치, 진입각지시등
- 레이더기기 부품 제조 · 판매 · 수리
- 통신기기 : 무전기 및 헤드셋
• 항해기기
- IBS, 오토파일럿, 마린 레이더, 전자해도 정보표시장치

협력중점 전자기기

㈜ 나가노일본무선 (長野日本無線株式会社)

https//www.njrc.jp/

Tel 026-285-1111

Fax 026-285-1030

〒381-2288 長野県長野市稲里町1163

창업 1949년 10월 1일 **자산** 36억 5천만 엔 **연매출** 237억 엔

사업개요 • 재해발생 시 위성과 지상무선을 통해 재해 관련 데이터 수집 및 제공

사업내용 • 사회 인프라 : 전국 방재 시스템, 각종 사무기기
　　　　　 • 항공/우주 : 해양단파 레이더, 인공위성 탑재기기 등
　　　　　 • 산업 기계 : 차재용 전자부품, EV충전기

주요사업 • 전국 방재시스템, 디지털 무선화(암호화에 우수)
　　　　　 • 해양단파 레이더를 사용한 해양관측
　　　　　 • 신뢰성, 고성능 인공위성탑재 기기 설계 및 생산
　　　　　 • 무선 모듈을 사용한 특정 소전력 무선 시스템
　　　　　 • 차세대자동차(친환경차)에 탑재되는 차재용 전자부품 제공
　　　　　 • 각종 사무기기(복사기 · 업무용프린터 등) 개발 및 제조

협력중점 레이더, 소나, 관제 등 통신전자장비 분야

통신
전자

전-14 ㈜ 일본전기항공우주시스템 (日本電気航空宇宙システム株式会社)

https//www.nas.co.jp/

Tel 042-333-8600

〒 183-8502 東京都府中市住吉町5-22-5

창업 1981년 10월 29일 **자산** 1억 엔 **연매출** 176억 엔

사업개요 • 항공 · 우주 · 방위 관련 분야의 시스템 개발, 소프트웨어 개발

사업내용 • 우주 관련 사업
• 방위 관련 사업
• 항공 관련 사업

주요사업 • 우주 관련 사업 : 위성 관제 시스템, 지상국 관제 시스템, 궤도 계통,
계획 입안 시스템 원격 감지 영상 처리 시스템,
영상 분석/판독 분석 시스템, 측위 시스템
• 방위 관련 사업 : 방위관제시스템, 지휘통제시스템, 후방지원시스템,
레이더정보처리시스템, 음향정보처리시스템,
지휘통신시스템, 유도제어 · 계측시스템 등
• 항공 관련 사업 : 감지 센서 처리 장치, 항공관제 시스템, 위성항법서비스
• 시스템 요구 및 분석, 설계, 소프트웨어의 설계 및 제조
• AI를 활용한 빅데이터 해석 및 분석
• 수중음향, 레이더 및 신호처리 시스템 개발
• 통신, 네트워크 시스템 개발
• NEC가 운용하는 인공위성 지상시스템 개발에 참여 중인 인공위성
- 하야부사2, 아카츠키, 시즈쿠, 기후변동위성(GVOM-C) 준천정위성 등

협력중점 우주, 항공, 통신 분야 시스템 구축

㈜ **히타치어드밴스시스템즈** (株式会社日立アドバンストシステムズ)

https//www.hitachi-as.co.jp/

Tel 045-866-8181

〒 244-0817 神奈川県横浜市戸塚区吉田町229

창업 1938년 4월 23일 **자산** 3,456만 엔 **연매출** 123억 엔

사업개요 • 방위 관련 전자 응용시스템, 통신정보 시스템의 엔지니어링,
하드웨어 소프트웨어의 개발 및 설계 제조

사업내용 • 방위장비 시스템
• 방위정보 시스템
• 정보통신 시스템

주요사업 • 방위장비 시스템 : 최신의 일렉트로닉스 기술과 구조설계 시술을 구사,
가혹한 환경하 높은 신뢰성과 소인화, 소전력화를
실현하는 장비시스템을 제공, 방위 관련 정보시스템 및
소프트웨어 개발
• 방위정보 시스템 : 보다 다중 · 다양한 정보를 입수, 분석 처리 및
국가의 방위에 관한 의사결정을 적확하게 지원하는
방위정보 시스템 · 소프트웨어 개발 실시
• 정보통신 시스템 : 고속 무선통신 · 광통신 등의 기술을 활용한
시스템 설계 · 구축 · 보수운용 실시
• 고속무선통신, 광통신 등 네트워크 장치 개발
• 공개정보분석 프로그램, 솔루션(모체검역, 공간정보, 제어),
피지컬보안(차량하부 촬영장치), 사이버 보안 기자재

협력중점 각종 장비 시스템, 광통신 등 분야

통신
전자

㈜ 히타치국제전기 (株式会社日立国際電気)

https//www.hitachi-kokusai.co.jp/

Tel 03-5510-5931

〒 105-8039 東京都港区西新橋2-15-12

창업 1949년 11월 17일　**자산** 10억 엔　**연매출** 171억 엔

사업개요
- 주로 무선통신 시스템, 방송영상 시스템이 주력
- 과거 음성타입 휴대전화, 무선호출기도 제조, 현재도 NTT에 FOMA 통신모듈 등 제조

사업내용
- 사회 인프라 : 철도, 항공, 운송, 건설, 제조업
- 산업 기계 : 자립형 광역무선 네트워크, 재해대책 솔루션

주요사업
- 무선통신 시스템 : 실내공간용 모바일 시스템, 방재행정용 무선 시스템, 교통·운송용 무선시스템(열차, 항공무선시스템), 무선기 (휴대무선기, 차재무선기, 구내무선시스템), 차량용 어댑터
- 정보처리 시스템 : 증권, 금융솔루션, 주식통보시스템, 멀티미디어 정보표시 시스템
- 방송 시스템 : 영상보도 편집기록 송출시스템, 방송 카메라
- 감시 시스템 : 광역 네트워크 감시 시스템, 보안 감시 시스템
- 산업용 카메라 : 쌍방향카레라, 소형카메라 등
- 고주파응용기술 : 플러스마 발생용 고주파전원 등

협력중점 각종 시스템 구축 및 고주파 응용 기술

㈜ 히타치제작소 (株式会社日立製作所)

https//www.hitachi.co.jp/

Tel 03-3258-1111

〒100-8280 東京都千代田区丸の内1-6-6

창업 1920년 2월 1일　**자산** 4,620억 엔　**연매출** 10조 8,800억 엔

사업개요　• 탄광회사로 시작하여 사용되는 기계의 수리부품 등을 제작하며
　　　　　　일본 제1의 전기기기 회사로 성장
　　　　　• 방위 관련 분야는 통신 및 보안에 큰 축을 담당하고 있음

사업내용　• 자원/에너지 : 원자력, 자연에너지 발전 시스템(수력, 풍력)
　　　　　• 사회 인프라 : 신칸센, JR 등 철도
　　　　　• 산업 기계 : 정보통신 시스템, 전자장치 시스템, 엘리베이터
　　　　　• 항공/우주 : 차세대 항공통신, 센서 네트워크 등

주요사업　• 지휘통제 시스템 : 방위 관련 지휘통제 시스템, 기상정보, 해양정보 시스템,
　　　　　　　　　　　　　함정탑재 시스템
　　　　　• 함정탑재 시스템 : 기뢰탐지기, 음향소해기구, 관제장치 등
　　　　　• 메카트로닉스 솔루션 : 기계구조, 유압제어, 모터, 드라이브제어 등
　　　　　• NCW 관련 솔루션 : 데이터링크, 소형 무인기, 멀티 네트워크 등
　　　　　• 방위분야 관련 사이버 보안시스템

협력중점　함정 관련 부품

통신
전자

㈜ 후지츠특수기계시스템 (富士通特機システム株式会社)

http://www.fujitsu.co.jp

Tel 044-739-1194

〒211-0063 神奈川県川崎市中原区小杉町1-403

창업 1985년 2월 20일 **자산** 1억 엔 **연매출** 116억 엔

사업개요 • 방위 관련 기기 및 시스템의 유지 · 정비로 고객에게 지원하기 위해
후지츠로부터 분사(分社)하여 설립
• 방위용 정보통신시스템 구축지원 운용보수

주요사업 • 방위용 일렉트로닉스의 설계 · 제조, 유지 · 정비
- 방위장비품 시스템을 구성하는 무선 · 통신기기,
적외선 · 전파 응용기기의 유지관리
- 항공기탑재 컴퓨터의 디스플레이, 수색감시 등에 사용하는
- 방위장비품 시스템을 구성하는 무선 · 통신기기,
적외선 · 전파 응용기기의 유지관리
- 항공기탑재 컴퓨터의 디스플레이, 수색감시 등에 사용하는
적외선 이미지 장치, 각종 레이더 장치, 무선기기 등 유지 관리
• 방위용 정보통신시스템 구축지원 운용보수
- 방위용 정보통신 시스템의 안정가동과 유지를 목적으로
하드웨어 · 소프트웨어의 토탈 서포트, 방위컴퓨터 시스템과
네트워크 시스템의 구축 및 연구개발 지원, 컨설팅, 교육 등
- 방위성 전용 특기 서포트 데스크(TSD) 설치, 24시간 전화 지원
• 적외선 기술을 응용한 감시서비스, 터널 등 인프라의 적외선 카메라의
검사서비스, 의료용 적외선 카메라, 민간의 중요시스템
구축지원 · 운용 감시서비스

협력중점 정보통신시스템 설계 · 제조 등 분야

㈜ **후지전기** (富士電機株式会社)

http://www.fujielectric.co.jp

Tel 03-5435-7111

〒141-0032 東京都品川区大崎1-11-2

창업 1923년 8월 29일　　**자산** 475억 8,600만 엔　　**연매출** 10,094억 엔

사업개요　에너지, 환경기술의 혁신으로 안전·안심하고 지속가능 사회 공헌

사업내용　• 화력·수력·지열·태양광·풍력발전, 연료전지
　　　　　　• 전력유통, 에너지, 무정전전원공급장치(UPS), 반도체
　　　　　　• 계측전기, FA시스템, 물류시스템, 모터

주요사업　• 에너지
　　　　　　　- 발전 플랜트, 에너지매니지먼트, 변전 시스템, 시설·전원 시스템
　　　　　　• 인더스트리
　　　　　　　- 오토메이션, 사회 솔루션, 설비공사, IT 솔루션
　　　　　　• 반도체, 자동차분야, 데스크매체
　　　　　　　- 제7세대 IGBT모듈, 통신기기, 서버, 액정TV의 제재IC 등
　　　　　　　- 엔진, 브레이크, EV/HEV의 모터구동·배터리충전
　　　　　　　- 하드디스크 라이브(HDD)에 탑재하는 자기기억매체

협력중점　발전기, 각종 계측기계 관련 부품

통신
전자

㈜ 미쓰비시전기디펜스&스페이스테크놀로지스
(三菱電機特機システム株式会社)

http://www.melos.co.jp

Tel 03-5745-9141
Fax 03-3779-1931
〒141-0032 東京都品川区大崎1-15-9
창업 1972년 7월 1일 **자산** 6억 엔 **연매출** 280억 엔

사업개요 • 레이더 응용기기, 전자 응용기기, 광학기기,
통신기기 및 정보기기의 개발, 제조, 판매 및 수리

사업내용 • 우주 · 위성통신 사업
• 전자응용기기 사업
• 해양 관련 기기 사업
• 방위 관련 기기 사업

주요사업 • 방위산업
- 항공기탑재레이더, 전자전기기, 컴퓨터, 감시 · 관제레이더,
대공레이더 시스템, 선박탑재레이더 · 전자전기기, 육상용 레이더,
통신기기, 화상수집장치
• 우주 · 위성통신 사업
- 텔레메트리 비콘 송신기, 고체 전력 증폭기, 저잡음 증폭기, 전파망원경,
국제우주스테이션, 통신 · 관측위성, 인공위성탑재기기 ·
관측기기, 인공위성추적 · 관리설비, 위성통신지구국
• 전자응용기기 사업
- 소형전방위로봇, 기상레이더, 마이크로전파기, 다기능형계측시스템,
마이크로전파기 환경측정장치, 간이무선기테스터 등

- 해양 관련 기기 사업
  - 기상용FAX, 중단파 방향탐지기, 무선통신기기, 구난기기 등

협력중점 우주 · 위성통신, 각종 전자기기 관련 부품

㈜ **명성전기** (明星電気株式会社)

http://www.meisei.co.jp

Tel 0270-32-1111

〒 372-8585 群馬県伊勢崎市長沼町2223

창업 1938년 2월 20일 　 **자산** 4억 5,000만 엔 　 **연매출** 92억 엔

사업개요 • 기상관측장치, 계측진도계 등 우주분야 초창기부터 참가한 기업

사업내용 • 통신, 전자, 전기계측, 정보처리, 전기일반 관련 기계기구 제조
　　　　　 • 이과학기기, 정밀기계기구 등의 부품 판매, 제조
　　　　　 • 의료용 기기, 부품 제조, 판매

주요사업 • 기상 관련
　　　　　 - GPS라디오존대 : 지상에서 상공 약 35km의 풍속 · 풍향 · 기압 온도 · 습도
　　　　　　　　　　　　　　 등의 기상데이터를 관측
　　　　　 - 기온존대 : 세계에서 가장 빠른 응답속도의 고층용 기온기준센서
　　　　　 • 지진 관련
　　　　　 - 엘리베이터용 지진탐지기, 지진대응 계측진도계, 다채널지진계 등
　　　　　　 관측기기, 인공위성추적 · 관리설비, 위성통신지구국
　　　　　 • 방재 관련
　　　　　 - 방재정보처리 시스템, 산붕괴발생예보시설, 토석류발생감시기 등
　　　　　 • 항공관제 관련
　　　　　 - 항공관제 시스템, 비상용관제탑 시스템
　　　　　 • 우주 관련(위성탑재)
　　　　　 - 모니터카메라, GPS수신기, 송수신기, 자기센서기, 입자검출기,
　　　　　　 우주방사선모니터, 대기구관측 등

협력중점 통신, 전자, 전기계측, 항공우주 시스템 분야

㈜ 이케가미통신기 (池上通信機株式会社)

http://www.ikegami.co.jp/

Tel 03-5700-1111

Fax 03-5700-1137

〒 146-8567 東京都大田区池上5-6-16

창업 1948년 2월 21일   **자산** 70억 엔   **연매출** 221억 엔

사업개요
- 일본의 업무용 방송기기 · 통신기기 업체임. 비디오카메라, 모니터, 전송기기 등 방송용 기기에 주력을 두고 있으며, 그 외에도 보안 카메라, 의료용 카메라, 약제검사장치 등을 제조함
- 방송용 기기는 에미상을 4회 수상

사업내용
- 영상 : 방송용 · 관공서 및 지자체용 카메라, 재해헬기 TV 중계시스템
- 화상처리 : 멀티플랫폼 루터&제작 스위치, 영상제작 · 송출 시스템
- 전송 시스템 : 영상전송 시스템, 중계차 시스템, 보안카메라 시스템
- 시큐리티 : 점포, 빌딩, 공장 감시, 고소 감시, 하천/항만/철도 감시 시스템

주요사업
- 수술 현미경(자위대 중앙병원)
- XP/P-1항공기 부품('10.10.)
- 항공기용 테이프 레코더 N-RD-78, 101
- 소나신호 녹음장치시험기(N-TS-595), 소나/MAD 신호기록재생장치(HQH-103-17H01), 진단/수리 공고

협력중점 영상/음성시스템

통신
전자

http://www.jrctokki.co.jp

Tel 045-547-8572

Fax 045-546-0141

〒223-8572 神奈川県横浜市港北区新吉田東3-2-13

창업 1985년 10월 1일   **자산** 2억 8,000만 엔   **연매출** 59억 7,400만 엔

사업개요 • 닛신보(日清紡)그룹을 본사로 둔 ㈜ 일본무선(JRC)의 자회사
(닛신보 그룹은 전자, 정밀기계, 화장품, 섬유 등 다수 계열사 존재)
• JRC는 방위성 · 해자대 함정 · 항공기에 장비되는 정보통신기기를
제조하는 그룹으로 특히, 해자대 후방지원 업무를 실시

사업내용 • 함정 정비, 음향분석 관련 시스템 엔지니어링
• 함정탑재용 전자기기 및 육상 전자기기 장비공사 및 보수정비
• 항공기 탑재용 전자기기 보수정비
• 각종 훈련기자재 설계 및 제조/보수정비

주요사업 • 함 정 : 함정건조 지원, 함정탑재기기 정비, 육상장비기기 정비
• 장 비 : 기기 제조, 연구개발 지원
• 항공기기 기술 : 항공기 탑재 장비 정비

※ 방위성 수주 실적
- '23. 9. 12. : LCAC 네비게이션 시스템
- '23. 4. 26. : 스텔스 평가장치
- '23. 4. 24. : 레이더 신호 변환기
- '20. 1. 31. : 레이더 OPS-20용 부품 검사(함선보급처)
- '19. 12. 13. : 음향 심측 장치(마이즈루지방대)

- '19. 12. 6. : Trainer Catt 수리(제1술과학교)
- '19. 11. 27. : VHF무선기(항공보급처)

협력중점 전자정보기기

㈜ 오미나토정전사 (株式会社大湊精電社)

http://www.oominato-sd.co.jp

Tel 0175-24-1181

Fax 0175-24-1192

〒035-0084 青森県むつ市大湊新町8-5

창업 1953년 5월 1일　　**자산** 3,000만 엔

사업개요
- 아오모리현에 있는 함정·육상·장비 탑재 전자기기(전기·통신)의 정비·보수공사, 육상 전원장치 정비·보수 공사 및 보수정비 등
- 구해군 오오미나토 수뢰단 개설을 시작으로 100년에 걸쳐 함정 제조수리 기업

사업내용
- 해자대 함정·무기 수리, 함정/항공기 탑재 기뢰 보수 정비
- 해·공자대 육상장비 수리
- 일반 폐기물 처리시설 보수 정비
- 원자력 관련 업무장비 보수 정비

주요사업
- 해자대 함정·무기 수리 : 함정탑재 전자기기(전기·통신) 조사 및 공사 전반, 탑재 무기 보수 정비 공사
- 해·공자대 육상장비 수리 : 무선기 등 육상장비 전자기기(통신·전기), 천장주행크레인 등 보수 정비
- 육상장비 전원기기 장비 공사 및 보수 정비
- BCS 장치·ATM 장치 보수정비
- 원자력 관련 업무장비 보수 정비· 보수·정비작업 : 마츠마에 경비소 발전기 N-PU-159 점검·정비('18. 8. 29./5. 20. 홋카이도 하코다테기지대)
- 지원작업 : NLRN-8B 송신장치 무선표식 기자재 철거 (오미나토총감부, '19. 1. 15.)

협력중점 함정·육상·장비 탑재 전자기기 정비 분야

㈜ 시즈오카오키전기 (静岡沖電気株式会社)

https://www.s-oki.co.jp/

Tel 055-923-2381

Fax 055-923-5279

〒940-8605 新潟県長岡市城岡2-8-1

창업 1980년 4월 1일   **자산** 1억 5,000만 엔

사업개요 • 통신, 센서, 제어 등의 기술을 이용한 특수전화사업, 센서응용사업,
보수사업 등 육상, 하천, 해양에서 활용 가능한 제품 생산
• JRC는 방위성 · 해자대 함정 · 항공기에 장비되는 정보통신기기를
제조하는 그룹으로 특히, 해자대 후방지원 업무를 실시

사업내용 • 특수전화사업 : 선박, 철도, 고속도로 특수전화기 및 교환기
• 센서응용사업 : 초음파수중음향기술, 신호처리기술 제품 소개
• DMS사업 : 제품컨셉, 설계의 개발소요
• 보수사업 : 항공기, 선박용 기기시스템 보수

주요사업 • 노면상태 검지장치, 초음파식수위계, 선박용전화기, 소형하천계속계,
방폭형 자동식전화기, 송수파기, 비상전화기, 연선전화기,
선박용 전자교환기, 초음파류향계, 수중음압계

※ 방위성 수주 실적
- '19. 12. 13. : 예항식 패시브소나(OQR-1~4) 관련 부품 수리
- '19. 11. 26. : 잠수함용 소나 시험기 정비(구레총감부)
- '19. 9. 11. : 함정 수중음향계측장치(LQM-1A) 수리(공자대)
- '19. 5. 9. : 소나 성능측정(공자대)
- '19. 5. 9. : 음향환경측정시스템용 부품 수리

협력중점 음향기기 관련 부품

통신
전자

전-26 ㈜ 시마다리카공업 (島田理化工業株式会社)

www.spc.co.jp

Tel 042-481-8510

Fax 0175-24-1192

〒182-8602 東京都調布市柴崎2-1-3

창업 1947년 8월 5일   **자산** 6억 엔   **연매출** 49억 엔

사업개요 • 마이크로파, 미리파 등을 주체로 한 통신사업부분은 인공위성, 항공기, 선박에 탑재되는 전자기기 조립부품을 생산하며, 고주파 유도가열 중심의 산업 IH기기 부문은 용해, 열처리 등을 실시

사업내용 • 동축/도파관 각 부품   • 통신전자기기
• 산업IH기기

주요사업 • 동축/도파관 각 부품 : 통신용·급전(給電)부품, 전파응용제품, 위성탑재제품, 에너지 관련 제품, 규격 및 기술정보
• 통신기기 : 위성통신 컴포넌트, 준미리파/미리파송수신제품
• 전자기기 : 고출력 마이크로파발진기 및 선형증폭기, 미리파
• 산업IH기기 : 용해제품, 열처리제품, 접합부품, 고주파전원, 고온가열제품, 도장건조

※ 방위성 수주 실적
 - '23. 5. 11. : 타칸 시뮬레이터 수리
 - '22. 6. 20. : 항법장치 테스트 세트 수리
 - '19. 9. 27. : Generator, Signal 수리(제3보급처)
 - '19. 8. 27. : 방향성 결합기(3EA, 보급통제본부)

협력중점 전자기기 관련 부품

㈜ 신일본무선 (株式会社新日本無線)

https://www.njr.co.jp/

Tel 03-5642-8222

Fax 03-5642-2082

〒103-8456 東京都中央区日本橋横山町3-10

창업 1959년 9월 8일   **자산** 52억 엔   **연매출** 324억 엔

사업개요 • 전자 디바이스 제품과 마이크로파 제품을 주 사업으로 하며,
　　　　　　동아시아 지역을 중심으로 국내·외 8개 회사를 운영

사업내용 • 마이크로파 제품 : 마그네트론, 클라이스트론, 절환관, 센서모듈,
　　　　　　　　　　　　레이더, 위성통신/지상통신용 컴포넌트
　　　　　　• 전자 디바이스 제품 : 반도체 집적회로 및 디바이스, SAW 필터

주요사업 • 자동차 : 카오디오IC, 내비게이션, 파워컨트롤유닛, 파킹어시스트,
　　　　　　　　　　전동파워·스티어링, 배터리 매니지먼트시스템,
　　　　　　　　　　충돌·회비·방지(ADAS), 자동차 운전제어용 각종 센서 등
　　　　　　• FA : 산업용 로봇용 광반도체, 전원IC(온도센서, 유량센서 등),
　　　　　　　　　아날로그 신호처리 기술
　　　　　　• 위성통신 : VSAT위성(인터넷접속과 데이터통신, 음성접속)
　　　　　　• 통신 디바이스 : 반도체 스위치(ETC시스템용의 스위치,
　　　　　　　　　　　　　휴대폰 잡음제거 수신·송신앰프, 통신용 디바이스
　　　　　　• 건강관리 : 맥박·혈중산소량 측정의 손목시계

협력중점 마이크로파, 전자 디바이스 제품 등 관련 분야

통신

전자

㈜ 다이트론 (ダイトロン株式会社)

http://www.daitron.co.jp/

Tel 06-6399-5041

Fax 0175-24-1192

〒 532-0003 大阪市淀川区宮原4-6-11

창업 1952년 6월 24일   자산 220억 엔   연매출 876억 엔

사업개요 • 전자기기 및 부품 상사로 판매융합을 추진해 반도체 제조장치,
스위칭전원 등을 개발/제조/판매를 실시

사업내용 • 전자기기 및 부품 : 반도체, 광학 및 화상처리, 전원기기,
융합회의시스템, 안전기기, 커넥터, 케이블 장비
• 제조장치 : 전자재료, 전자디바이스, 고성능필름, 2차전지 검사,
측정, 반송 · 자동화

주요사업 • 전자기기 및 부품
- 커넥터 · 하네스 : 전원중계용 커넥터, 자동차용 커넥터,
전원용 케이블 커넥터, 고주파동원 커넥터 등
- 반도체 : 아날로그디바이스, 영상 · 화상처리IC, 광반도체,
파워반도체, 센서IC · 모듈, 고주파특정용 대형 반도체
- 광학 · 화상처리 : 카메라, 화상처리장치, 렌즈, 조명, 모니터,
카메라케이블, 3차원장치, 소프트웨어, 컬러 측정
- 전원기기 : 전원트랜스, 무정전 전원장치, 전원 · 전지 관련 상품
• 제조장치
- 전자재료 : 세정기, 검사 · 측정, 연소 · 가공, 부착 · 박리
- 2차 전지 : 제조설비(고주파접합시스템, 공업용 용해 · 분산장치)

협력중점 전자기기 부품

㈜ 다마가와정기 (多摩川精機株式会社)

https://www.tamagawa-seiki.co.jp/

Tel 0265-21-1800

Fax 0265-21-1861

〒 395-8515 長野県飯田市大休1879

창업 1938년 3월   **자산** 1억 엔   **연매출** 447억 엔

사업개요 • 고정밀도 센서모터 자이로 등 제어장치의 각도 정도에 관련된
제품을 제공하며, 높은 기술을 이용한 우주산업 분야에 대한 활약 기대

사업내용 • 산업설비 : 로봇, 반도체 제조장치, 포장기계 등 속도제어 제품
• 수송기기 : 하이브리드자동차, 신칸센, 엘리베이터 등 센서 제품
• 우주·항공기 관련 기기 : 우주 관련 기기, 민간항공기 관련 기기
• 의료·화학 기기 : 의료·분석 분야에서의 모터·센서의 자동화

주요사업 • 서보 컴포넌트 : 위치 및 각도 센서에서 각종 서보모터까지 산업용 로봇,
공작기계 등의 위치 결정에 필요한 각도센서 및 서보모터,
파칭코·슬롯머신 등의 스템모터 등
• 시스템 : 최첨단 산업분야에서 각도 정밀도를 요구하는 우주관측용
안테나의 각도 검출, 위치, 속도제어, 산업용 로봇 공작기계,
철강, 댐 관련 에너지 부문, 자동화 시스템, 건설, 토목 공법,
로봇 분야에 활용되는 시스템
• 인공위성 탑재기기, 초소형위성 탑재기기
• 항공기 관련 기기 : 회전각 검출센서 유닛, 프로펠러기 및 쌍발제트기
사용 전동 액튜에이터, 기체 좌우날개 고정기구 등

협력중점 제어장치, 항공우주 관련 기기 등

통신
전자

전-30　㈜ 타무라제작소 (株式会社タムラ製作所)

https://www.tamura-ss.co.jp/jp/index.html

Tel 03-3978-2111
Fax 03-3923-0230
〒178-8511 東京都練馬区東大泉1-19-43
창업 1924년 5월 11일　**자산** 12억 엔　**연매출** 8,500억 엔

사업개요　• 전자부품 및 정보기기 등을 생산하는 업체로 민간항공기용 및
　　　　　　　 우주용 트랜스 코일 등도 생산해 방위항공 시장에 기여

사업내용　• 전자부품/정보기기/전자화학
　　　　　　 • 단결창산화 칼륨기반

주요사업　• 전자부품 : 트랜스, 리엑터, 관구식 오디오트랜스, 초코 코일,
　　　　　　　　　　　 전류센서, 전원모듈, 전원어뎁터, 압전세라믹
　　　　　　 • 전자화학(재료) : 포스트 플럭스, 도전성접합재, 레지스트
　　　　　　 • 정보기기 : 방송기기, 무선기기, 네트워크기기
　　　　　　 • 단결정산화 칼륨기반
　　　　　　 • 우주용 트랜스 코일 : 전력계 트랜스 코일에 관해 일본 국내유일
　　　　　　　　　　　　　　 JAXA-QML 인증 취득, 현재 인공위성 탑재용
　　　　　　　　　　　　　　 코일 총 1,300종 이상을 생산 중
　　　　　　 • 민간항공기용 트랜스 코일

협력중점　전자부품, 정보기기 등

㈜ 일본아비오닉스 (日本アビオニクス株式会社)

https//www.avio.co.jp/

Tel 03-5436-0600

〒 141-0031 東京都品川区西五反田8-1-5

창업 1960년 4월 8일　자산 58억 9천만 엔　연매출 177억 엔

사업개요
- 정보처리 시스템 개발 설계 판매
- 항공우주용 기구, 영상기구, 의료용 기구, 전기계측기 등 제조, 판매
- 혼합집적회로 등의 전자부품 제조, 판매
- 정보처리 시스템, 컴퓨터와 관련된 소프트웨어의 작성, 판매

사업내용
- 항공/우주 : 항공우주 방위산업 분야에 2,500품종 이상의
　　　　　　 하이브리드 IC 및 모듈을 생산

주요사업
- 접합 장치
  - 저항용접기 : 정밀저항용접전원, 저항용접응용장치
  - 심용접기 : 리드자동탑재심용접기, 진공봉지/전자동심 용접기
  - 레이저 용접기 : 반도체레이저용접기
  - 초음파 기기 : 초음파금속용접기, 소형초음파금속용접기
  - 고주파유도가열장치, 접합관리모니터
- 적외선 사모그래프
  - 적외선 사모그래픽카메라 : 냉각형초고성능카메라
  - 소프트웨어 : 고기능 수록 · 분석소프트웨어, 온라인분석 등
  - 적외선 사모그래픽 시스템 : 방재형 감시 시스템, 화재감시시스템
- 방위 · 산업용품 : 파워 앰프, PC카드 엔진

협력중점 정보처리 시스템, 하이브리드 IC 및 모듈 등

통신
전자

㈜ 일본전기 (NEC, 日本電気株式会社)

https://jpn.nec.com/

Tel 03-3454-1111

〒 940-8605 新潟県長岡市城岡2-8-1

창업 1899년 7월 17일　　**자산** 4,278억 엔　　**연매출** 3조 3,130억 엔

사업개요　• 정보통신기술 이용 사회요구 인프라 시스템 서비스를 고도화하는
　　　　　　사회 솔루션 사업에 중점을 두고 있음

사업내용　• 퍼블릭 사업 : 국내외 정부, 공공기관에 네트워크 기술과 센서 제공
　　　　　　• 엔터프라이스 사업 : 제조업, 유통 서비스, 금융업 등에 IT 솔루션 제공
　　　　　　• 네트워크 사업 : 통신 네트워크 구축에 필요한 기구, 운용관리
　　　　　　• 시스템 플랫폼 사업 : 컴퓨터, 소프트웨어, 서비스 기반 등 제공

주요사업　• 기업·관공청·통신사업자 대상
　　　　　　- 컴퓨터·태블릿 : 컴퓨터, 태블릿, 워크스테이션, 패널컴퓨터,
　　　　　　　PC서버, 슈퍼컴퓨터, 통합형 시스템, 팩토리컴퓨터
　　　　　　- 하이브리드IT 및 디스플레이, 프로젝터, 프린터
　　　　　　- 소프트웨어 : Web회의 시스템 등
　　　　　　- 네트워크기기 : 모바일코어네트워크, 스위치·루터, 광트렌스포터
　　　　　　　　　　　　 액세스회선, 네트워크솔루션, 세큐리티, 광디바이스
　　　　　　- 방송영상기기 : IP·소프트마스터, 세큐리티솔루션
　　　　　　- 건전지·PHV충전 인프라 : 계측기·컨트롤, 건전지
　　　　　　• 개인 대상 상품
　　　　　　- 컴퓨터·태플릿·Wi-Fi루터, 모바일루터

협력중점　정보통신기술

㈜ **C3I 시스템** (株式会社シー・キューブド・アイ・システムズ)

http://www.c3is.co.jp

Tel 03-3798-5328

〒 108-0073 東京都港区三田1-4-28 三田国際ビル10F

창업 1994년 10월 13일   **자산** 1억 엔   **연매출** 104억 엔

사업개요
- 방위성의 각종 시스템의 유지·정비 관련 사업
- 통신·전기 6대 회사인 일본전기, 후지츠, 오키전기, 도시바 인프라시스템, 히타치, 미쓰비시전기에서 출자하여 방공 C3I 시스템 등 각종 지휘 시스템을 지원하도록 설립

사업내용
- 시스템 통합 : 시스템 유지관리, 운용기술 조사연구, 네트워크 인프라 및 기반 여러 시스템 간 통합성 관련 조사
- 소프트웨어 개발 : 대규모 시스템 개발, 기능 개선 등
- 솔루션 제공 : 신시스템 관련 제안, 기존 시스템 개선 및 기능 강화 관련 제안 등

주요사업
- 솔루션 제공 : 신시스템 관련 제안, 기존 시스템 개선 및 기능 강화 관련 제안 등
- 소프트웨어 개발 : 공자대 지휘 시스템 프로그램
- 상기 시스템의 유지·보수·이설·철거 등
- 향후 지휘통제 시스템을 위한 조사 연구 (네트워크, 컴퓨터 시스템, 보안, 사용편리성 관련)

※ 방위성 수주 실적
 - '19. 12. 12. : 작전 통신회선 통제 시스템 개량(제3보급처)
 - '19. 12. 2. : C3I 시스템 유지(제3보급처)
 - '19. 9. 27. : 작전 시스템 세큐리티 감시장치(방위장비청)

통신

전자

- '19. 9. 27. : 청사 보안 시스템 보수(제3보급처)
- '19. 9. 27. : 기지경비 시스템(J/GSX-3) 장비(제3보급처)
- '19. 1. 30. : 통합기상 시스템(방위장비청)
- '19. 7. 31. : 항공자위대 지휘 시스템 유지(제3보급처)

협력중점 시스템 구축

㈜ 조인트시스템서비스 (株式会社ジョイント・システムズ・サービス)

http://www.jsystem.co.jp/

Tel 03-5225-7033

Fax 03-3266-8011

〒160-0003 東京都新宿区四谷本塩町4-41

창업 1994년 2월 1일   **자산** 1억 엔   **연매출** 39억 엔

사업개요 • 방위성 관련 시스템 유지지원 서비스 및 각 회사와 연대를 통한 시스템 개발
 • 일본국 안전과 안정적 미래에 대한 공헌을 기업목표로 둠

사업내용 • 유지지원 서비스 : 감시, 시스템 네트워크 구성관리, 교육훈련 등
 • 시스템 개발 : 서비스 네트워크 구축, 시스템 테스트 및 도입 등
 • 교육 및 컨설팅 : 정보통신시스템 기기 대여판매, 교육, 컨설팅 등

주요사업 • 유지지원 서비스 : 감시, 트러블대응, 로그분석, 시스템 네트워크 구성관리,
    서비스데스크, 인시던트 관리, 교육 및 훈련, 리허설,
    운용개선, 보고, 어플리케이션 보수
 • 시스템개발 : 업무기능설계, 프로그램, 테스트, 서비스 네트워크 구축,
    단말 원본작성 및 양산설정, 시스템 테스트, 도입,
    데이터 이행, 패키지 개발
 • 교육 및 컨설팅 : 정보통신 시스템 운용에 관한 교육 및 컨설팅,
    정보통신 시스템에 관한 기기 대여, 판매

협력중점 시스템 구축

통신
전자

㈜ 미쓰비시스페이스 · 소프트웨어

(三菱スペース・ソフトウエア株式会社)

http://www.mss.co.jp

Tel 03-3435-4726

Fax 03-3435-4740

〒141-0032 東京都港区浜松町2-4-1 世界貿易センタービル32階

창업 1962년 3월 20일　　**자산** 5억 엔　　**연매출** 213억 엔

사업개요
- 우주 시스템, 방위 시스템, 공공 · IT사업을 추진
- 독자 기술에 의한 소프트웨어 제품개발, 정보보안 사업 추진

사업내용
- 우주 · 방위 · 통신 · 항공 시스템, 방재 · 환경 시스템
- 공공 · IT, 정보 시큐리티의 각 분야 정보이과 · 정보기술을 이용한 시스템 및 소프트웨어 관련 연구, 개발, 설계, 판매 및 서비스 제공

주요사업
- 우주 시스템
  - 로켓개발 : 미션해석, 비행시뮬레이션, 항법유도 소프트웨어
  - 우주기개발 : 로봇팔, 운용설계 · 지원, 유도제어 소프트웨어
  - 인공위성 · 우주기운용지원 : 지상운용 시스템 개발, 운용설계
  - 인공위성 : 구조해석, 열해석, 궤도해석, 위성시뮬레이션
- 방위 시스템
  - 소프트웨어 : 신호처리, 잡음제거, 신호검출 · 신호제어기술, 목표탐지 · 추적기술, 센서신호 통합기술
  - 대규모정보처리 시스템 : 대용량데이터 고속표시처리기술 등
  - 멀티레벨 시큐리티 : 비밀라벨 암호화 통신기능, 프로그램 및 데이터조작/ 시스템 부정이용/증거조작 방지기능
- 통신 시스템
  - 통신시큐리티 네트워크 감시장치 : 홈 · 어세스네트워크

- 자동차통신디바이스 : 내비게이션 통신
- 항공시스템
  - 항공기설계지원 : 열 · 구조해석, 안전성해석, 풍동실험데이터 처리
  - 항공기 기능정보제공 : 수동형 2차 정보제공, 대용량데이터 처리

협력중점 방위 소프트웨어

㈜ **일본무선** (日本無線株式会社)

https//www.jrc.co.jp/

Tel 03-6832-1721

〒164-8570 東京都中野区中野4-10-1

창업 1915년 12월   **자산** 147억 엔   **연매출** 1,386억 엔

사업개요 • 정보통신 기계류 제조 및 판매

사업내용 • 해상 시스템 : 항해, 통신 장비, 위성 통신, 어로 장비 등
　　　　　 • 육상 시스템 : 방재/감재 시스템, 교통, 공공 시스템 등
　　　　　 • 항공 시스템 : 다중 라테레이션, 헬리콥터 영상 전송 시스템 등

주요사업 • NTT 도코모용 자동차 전화 및 휴대전화 단말기
　　　　　 • MCA무선전화 장치, 업무용 무선전화 장치 TV/라디오 장치
　　　　　 • 레이더, 무선 랜, 헨 수신기, 수신기 모듈
　　　　　 • 선박항행 안전 시스템, 재해정보 지원 시스템

※ 방위성 수주 실적
　 - '22. 1. 7. : 레이더(POS-28G)
　 - '21. 3. 8. : 항공 기상 장치
　 - '20. 1. 16. : 방향성 결합기(3EA, 보급통제본부)
　 - '19. 3. 22. : 항공기 부품(Socket Panel, 공자대)
　 - '19. 4. 19. : 도파관 세트(스즈츠키NOLQ-3D, 사세보총감부)
　 - '18. 10. 9. : P-1 소노부이 수신장치(HRQ-1, P-1용, 방위성)
　　 ※ 거래처 : 방위성, 국토교통성, 해상보안청, 오사카항공국, 전자항법연구소(ENRI) 등
　　　　 항공관계기관, 동경도청, 오사카부청, 이바라키현청, 시즈오카현청 등 지자체 등

협력중점 레이더 등 통신 관련 기기

㈜ 일본마르코 (日本マルコ株式会社)

https//www.nihon-maruko.jp/

Tel 045-475-1610

Fax 045-475-1590

〒222-0033 神奈川県横浜市港北区新横浜2-8-8

창업 1978년 4월   자산 1억 엔

사업개요 • 항공, 방위, 우주 분야를 중심으로 커넥터, 허니스를 제조, 판매

사업내용 • 항공 · 방위 : 레이더나 전자기기에 활용되는 특수 케이블과 커넥터
        • 우주개발 : JAXA 인정 소형고밀도 커넥터 등
        • 산업 기계 : 의료기기에서 가전까지 대응 가능한 패널
        • 고속통신 : 컴퓨터 의료기기에도 활용되는 마이크로웨이브 등

주요사업 • 항공 · 우주선에 사용되는 케이블 및 자동절연장치
        • 감시용 카메라 시스템, 회전온도 측정장치

협력중점 커넥터, 하니스, 케이블 등 통신기기

통신
전자

㈜ **하이테크인터** (ハイテクインター株式会社)

https//www.hytec.co.jp/

Tel 03-5334-5260

Fax 03-5334-3688

〒151-0053 東京都渋谷区代々木3-28-6

창업 1998년 11월 12일   **자산** 5천만 엔

사업개요 • 정보통신·영상기기 기획·개발, 영상시스템 구축 및 보수관리

사업내용 • 산업 기계
       • 정보통신기기 시스템
       • 영상기기 및 시스템

주요사업 • 산업 기계 : 실내·외용 모뎀, 영상전송기기
       • 정보통신기기 시스템 : 방위 관련 복수 거점 간 통신 설비
       • 영상기기 및 시스템 : 옥외용 무선 랜(CCTV 영상전송)

협력중점 모뎀, 분배기 등 통신기기

㈜ **파나소닉시스템솔루션즈재팬** (パナソニックシステムソリューションズ ジャパン株式会社)

https//www.panasonic.com/jp/company/pssj.html/

`Tel` 03-3546-5100

〒104-0061 東京都中央区銀座8-21-1

`창업` 1968년 10월 1일   `자산` 3억 5천만 엔   `연매출` 2,994억 엔

사업개요 • 정보 시스템 개발, 제조, 판매
       • 시스템 인테그레션(SI), 시공, 보수

사업내용 • 자원/에너지 : 태양광 발전, 축전 시스템 및 가정용 연료 전지
       • 사회 인프라 : 주택 설비, 자동판매기 등
       • 산업 기계 : 컴퓨터, 전동공구, 통신 시설 등

주요사업 • 영상 기기(TV 회의, 프로젝트) 및 AV 관련 제품
       • 통신 네트워크(IP 전화 및 업무용 Wi-Fi)
       • PC 및 비즈니스 모바일, 전자결제 시스템

※ 방위성 수주 실적
   - '18. : 부대용 선량계
   - '18. : 이동식 TV회의 시스템
   - '18. : 업무용 전자계산기
   - '18. : 이동형 감시장치

협력중점 시스템 구축

통신
전자

https//www.hujikura.co.jp/

Tel 03-5606-1030

Fax 03-5606-1501

〒135-8512 東京都江東区木場1-5-1

창업 1885년 2월   **자산** 530억 엔   **연매출** 7,400억 엔

사업개요
- 통신케이블과 전선, 와이어 허니스를 제조하는 비철금속 메이커
- 광섬유 케이블 접속에 필요한 광융착 접속기가 세계 1위

사업내용
- 자원 산업 : 급속충전기기, 산업용 전선, 배전기
- 산업 기계 : 자동차용 초전도

주요사업
- 에너지사업 : 동축 케이블, 전선, 도체, 배선기구, 환경발전 등
- 정보통신사업 : 광섬유, 광섬유케이블, 광통신 배선 솔루션, 광융착 접속기,
                 광성단자, 스플리터, 단자박스, 가공용 광클로저, 코드 등
- 전자부품 : 압력센서, 산소 센서, FPC, 케이블, 전자 와이어 케이블, F 히터 등
- 자동차용 전자장비 : 와이어 하네스, 자동차용 전선, 커넥터, 조인트 박스,
                     메인 퓨즈 박스, 외장품 등
- 부동산 : 골프장 운영, 건물 임대 등
- 각종 통신 전자기구재, 통신시스템, 전자재료 제조
- 마그네틱 와이어 및 각종 전자기구 재료 제조

협력중점 시스템 관리

㈜ **후지츠** (富士通株式会社)

http://www.fujitsu.com

Tel 044-777-1111

〒211-8588 神奈川県川崎市中原区上小田中4-1-1

창업 1935년 6월 20일   **자산** 3,246억 엔   **연매출** 4조 983억 엔

사업개요 • ICT 분야에서 각종 서비스를 제공
- 최첨단, 고성능, 고화질의 제품 및 전자부품의 개발, 제조, 판매, 보수, 운용까지 종합적으로 제공하는 종합 솔루션 비즈니스 기업

사업내용 • 테크놀로지솔루션 : 고도의 기술과 고품질인 시스템 플랫폼
- 정보통신솔루션 : 컴퓨터, 휴대폰, 모바일웨어
- 제품솔루션 : LSI사업, 전자부품사업

주요사업 • 컴퓨터 플랫폼 및 반도
  - 서버, 스트레지, 주변기기, 법인PC, 스마트폰, 태블릿, 에어컨, 전지, 차량내비·차량오디오, 가전제품, 반도체(F램)
- 소프트웨어
  - 기간(基幹) 시스템, 모바일 활용, 빅 데이터 분석, 클라우드, 컴퓨터, 보안 등 기업·관공청에서 도입하여 활용
- 2014년 방위성에 고속 IP 무선시스템 납품
  - 전국의 기지·주둔지에 배치, 재해발생시 지자체에 파견되는 자위대와 각 기지·주둔지의 자위대를 연결하는 임시회선

협력중점 ICT, 소프트웨어 분야

통신

전자

㈜ **후루카와전기공업** (古河電気工業株式会社)

http://www.furukawa,.co.jp

Tel 03-6281-8500

〒141-0032 東京都千代田区丸の内2-2-3

창업 1896년 6월 25일   자산 693억 9,500만 엔   연매출 3,058억 엔

사업개요 • 전선·비철금속으로 시작하여 정보통신, 일렉트로닉스, 신소재, 자동차 부품 분야 생산

사업내용 • 정보통신 솔루션, 에너지 인프라
        • 자동차 부품, 전지
        • 전장 일렉트로닉스 재료

주요사업 • 정보통신
           - 광섬유케이블(대용량통신 지원)
           - GE-PON FTTH시스템(장거리전송 솔루션)
           - 에코전선·케이블(리사이클성 향상 케이블)
           - 무선 LAN 기능대 통신단말
           - 산업용 레이저
           - 광섬유 센싱시스템
        • 에너지

주요사업 • 자동차
        • 전자부품
        • 건설·건축
           - 송배수관·유체수송관, 단열재, 전력케이블, 방재제품 등

협력중점 전기 관련 부품

㈜ 메이요전기 (明陽電機株式会社)

http://www.meiyoelc.co.jp

Tel 054-345-2211

Fax 054-345-2215

〒 424-0066 静岡県静岡市清水区七ツ新屋485

창업 1936년 3월 1일   자산 4,500만 엔

사업개요 • 전기/전자 분야 연구
         • 계측 · 제어기기의 제조 · 판매 및 수출

사업내용 • 온도센서
         • 압력센서

주요사업 • 온도센서
           - 백금측온저항체 고 · 저온용, 열전대, 백금측온저항체저온용,
             내압방폭형, LNG 등
         • 압력센서
           - 압력발신기, 수진안전방폭형 압력발신기, 압력스위치,
             차압발신기, 각도발신기
         • 기타 제품
           - 온도계, 아날로그지시계, 디지털조절계
           ※ 1964년 방위성 지정 업체로 선정

협력중점 함정 · 육상 · 장비 탑재 전자기기 정비 분야

통신
전자

전-44 ㈜ 요엔지니어링

Tel 046-861-3479

〒106-0014 東京都新宿区四谷三栄町3-14三栄ビル4F

창업 1974년 12월 3일   **연매출** 1,800만 엔

사업개요
- 정보서비스
- 기계 등 수리업
- 전문적인 서비스 관련

사업내용
- 정보서비스 : 수온데이터 수집 등
- 기계 등 수리업 : 무기, 화학 기자재 등 장비 수리 등
- 전문적인 서비스 관련 : 식별원자료 관련 심사, 조회 업무 등

주요사업 ※ 전화번호는 요코스카 사무소 번호임(도쿄사무소 전화번호 비공개)
※ 방위성 수주 실적(중복항목 제외)
- '23. 10. 11. : FADP 프로그램 유지(방위성)
- '23. 11. 10. : 항공자위대 클라우드 시스템 유지(방위성)
- '22. 12. 6. : 작전 시스템 보안 감시 장치 이전(방위성 항공자위대)
- '23. 5. 11. : C3I 시스템 시스템 유지(방위성 항공자위대 제3보급처)
- '19. 7. 19. : 화학기자재 정비(오미나토총감부/사세보총감부)
- '19. 4. 1. : 무기실적자료 작성(마이즈루총감부/구레총감부)
- '19. 4. 1. : 무기 수리 지원(오미나토총감부)
- '19. 4. 1. : 탄약 등 식별제원자료 작성(해자대 보급본부)
- '18. 4. 2. : 무기, 부품 조달 업무(함선보급처)
- '18. 4. 2. : 기술자료 정리
- '18. 4. 2. : 함선장비기기 개조 · 수리 기록 등 작성 관리(함선보급처)
- '18. 4. 2. : 보급품 선정 업무 관련 기술 업무(해자대보급본부)
- '18. 4. 1. : 기술자료 작성 업무
- '18. 4. 1. : 무기수리 실적자료 등 작성 및 정리(요코스카지방총감부)
- '17. 4. 21. : 수온데이터 수집

협력중점 정비/연구/조사

㈜ 코 켄 (興研株式会社).

http://www.koken-ltd.co.jp

Tel 03-5276-1911

Fax 03-3261-0589

〒102-8459 東京都千代田区四番町7番地

창업 1943년 5월 10일 **자산** 6억 7,400만 엔 **연매출** 105억 엔

사업개요 • 방진 마스크, 방독마스크 등 노동안전 · 위생 보호용품 제작 및
환경 관련 기자재 · 설비 제조, 판매

사업내용 • 노동 안전용품 : 산업용/사고 · 재해용/의료용 마스크, 보호복, 방음보호구 등
• 환경 관련 기자재 설계 시공

주요사업 • 마스크 : 방진, 방독마스크, 공기흡입기
• 공기청정시스템(KOACH) 제조 판매
• 전자동 내시경 세정소독장치
• 환경 관련 기자재 : 슈퍼클린 생성장치, 환기장치

※ 방위성 · 자위대 납품 실적
- 가공장 합성장치용 배기가스 환기 · 냄새제거 장치('19. 1. 8., 육자관동보급처)
- 화학 방호차 등 정비 시험용 기구('19. 1. 8.~)
- 개인 방호장비용 흡수캔(방호마스크 부품, '18. 5. 24.)
- 방독마스크 성능시험장치(破過試驗裝置, '17. 11. 29.)

협력중점 방독면

기타
장비

기-2 ㈜ 시게마츠제작소 (株式会社重松製作所)

http://www.sts-japan.com/

Tel 03-6903-7525

Fax 03-6903-7520

〒114-0024 東京都北区西ヶ原1-26-1

창업 1917년 9월   **자산** 5억 7,000만 엔   **연매출** 106억 엔

사업개요 • 산업용 안전위생 및 방재(피난, 소화, 구출작업 등)에 관한 보호구,
기구, 약품, 재료 제조 판매 및 보호구 등의 보수점검 정비,
수리, 노동재해 방지에 관한 교육사업 실시

사업내용 • 산업계 등 안전위생 및 방재(피난, 소화 및 구출작업 등)에 관한
보호구, 기기, 약품 및 자재의 제조판매 및 관공사업
• 보호구 등에 관한 보수점검 정비/수리, 노동재해 방지에 관한 교육사업

주요사업 • 마스크 : 방진 마스크, 전동 팬 호흡용 보호장비, 방독마스크, 송기마스크,
공기/산소호흡기
• 보호구 : 방음보호구, 보호안경, 보호복, 보호장갑, 안전대, 들것, 산소계 등
• 피난/구조 관련 상품

※ 방위성 수주 실적
- '22.12. 9. : 화학방호복 4형용 송풍장치(방위장비청)
- '23. 7. 6. : 반면형 방진마스크(항자대 제4보급처)
- '23. 11. 10. : 지게형 공기호흡기
- '23. 9. 8. : 자급식 호흡기 YDT용 점검
- '23. 11. 21. : 직결식 소형방진기능 흡수캔

협력중점 각종 마스크

기-3 ㈜ 후지쿠라항공장비 (藤倉航装株式会社)

https//www.fujikura-parachute.co.jp/

Tel 03-3785-2111

Fax 03-3784-0416

〒 142-0063 東京都品川区荏原2-4-46

창업 1939년 10월 18일   **자산** 5천만 엔

사업개요 • 국방과 인명 안전확보 구난을 목적으로 낙하산 및 각종 구명장비를 제조하는
일본 유일의 메이커

주요사업 • 낙하산 : 개인용 낙하산, 항공용 낙하산
• 구명용품
  - 구명조끼 : 개인용/항공용 구명조끼 등, 관련 부품
  - 구조띠 : 재해용/산업용 등
• 우주 관측용품 : 솔라 셀, 하야부사 회수용 낙하산 등

협력중점 각종 마스크

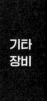

기타
장비

기-4　㈜ 대동특수강 (大同特殊鋼株式会社)

https://www.daido.co.jp

Tel 052-963-7501
Fax 052-963-4386
〒 461-8581 名古屋市東区東櫻1-1-10
창업 1916년 8월 19일　**자산** 371억 엔　**연매출** 5,785억 엔

사업개요 • 특수강을 기본으로 한 고도한 기술력을 배경으로 고부가가치
　　　　　　상품을 개발해 자동차, 항공기, 선박 , IT기기 등의 생산에 기여

사업내용 • 특수강강재
　　　　　• 엔지니어링
　　　　　• 기능재료/자성재료
　　　　　• 유통/서비스
　　　　　• 자동차부품/산업기계부품

주요사업 • 특수강강재 : 자동차 및 산업기계 부품용 재료 등
　　　　　• 기능재료/자성재료 : 자동차용 메터 및 센서
　　　　　• 자동차부품/산업기계부품 : 금속품(선박, 산업기계, 우주 및 항공기용 부품)
　　　　　• 엔지니어링 : 철강설비, 환경 관련 설비, 공작기계 등
　　　　　• 유통/서비스 : 골프장 경영, 분석사업

협력중점 항공기 및 선박의 특수강 제공

기-5 ㈜ 고베제강소 (株式会社神戸製鋼所)

http://www.kobelco.co.jp

Tel 078-261-5111

Fax 078-261-4123

〒651-8585 兵庫県神戸市中央区脇浜海岸通2-2-4

창업 1905년 9월 1일   **자산** 2,509억 엔

사업개요 • 일본 철강 대기업. 관련 기업 중 가장 철강사업 비율이 낮고
소재 · 기자재 · 전력 부분을 주축으로 한 복합경영
• 소재부분은 선재(線材), 수송기용 알루미늄재가,
기계부분은 스크류식 비범용 압축기의 점유율이 높음
• 전력공급 사업자 중 가장 큰 규모

사업내용 • 철강 : 철망 · 봉강제품, 합판제품, 후판(厚板)제품, 박판제품,
주강 · 단강(鋳鍛鋼)제품, 티탄, 철분제품
• 용접 : 용접시스템, 재료
• 알루미늄 · 동 : 알루미늄판, 알루미늄 압출 · 가옥품, 동판, 동관,
알루미늄 · 마그네슘 단강제
• 기계 : 범용 압축기, 회전기, 타이어 · 고무기계, 수지기계, 압연설비,
초고압장치, 에너지 · 화학 관련 제품
• 엔지니어링 : 제철 공장시설, 원자력 공장시설, 해안 방재 관련 제품,
도시교통시스템, 물 처리, 폐기물처리 · 재활용, 냉각탑,
화학 · 식품기기
• 건설기계
• 전력

주요사업 • 선박용 디젤엔진, 수중발사관, 92식 부교(浮橋), 정수 세트(역침투형)

기타
장비

- 포크레인, 트럭, 크레인
- 항공기 부품(전투기 기체생산 하청)
- 훈련용 정비 기자재 Ⅰ형
- 잠수함 장비인정시험 등 기술 업무
- 수중발사관용 발사장치 오버홀

협력중점 철강제품

http://www.shounan.co.jp/

Tel 042-541-2111

Fax 042-545-0147

東京都昭島市田中町600番地

창업 1937년 6월 5일　**자산** 49억 엔　**연매출** 25조 엔

사업개요
- 군용 항공기 제조업체
- 제2차 세계대전시 라이센스 기반 Douglas DC-3 변형인 Showa/Nakajima L2D를 제조하는 두 회사 중 한 곳.

사업내용
- 항공기 기술 기반 부품 제작
- 수송기기 제작
- 부동산 개발 및 임대
- 서비스

주요사업
- 항공기 기술 기반 부품 제작 : 하야부사 판넬, 항공기 허니컴
- 수송기기 제작 : 물품판매 알루미늄 탱크로리, 선박급유 탱크로리, 항공기 급유차
- 방위 : 이동식 쉘터(대피소), 경량 쉘터

※ 방위성 수주 실적
- '24. 2. 9. : 기용품 수송 컨테이너(방위장비청)
- '23. 10. 3. : 연료 급유차 급유장치 점검정비(해자대)
- '23. 10. 7. : 연료 급유차(20KL, 3형, 방위장비청)
- '23. 8. 25. : 연료공급장치(TAFDS형, 방위장비청)

협력중점 쉘터, 항공기 소재(허니컴 등)

기타
장비

https://www.nipponsteel.com

Tel 03-6869-4111

Fax 03-6867-5607

〒100-8071 東京都千代田区丸の内2-6-1

창업 1950년 4월 1일　**자산** 4,195억 엔　**연매출** 5조 6천억 엔

사업내용 • 철강사업
- 엔지니어링사업
- 합성소재사업
- 시스템 솔루션

주요사업 • 철강사업 : 선박 및 대형구조물용 강판, 고장력강이 포함된 얇은 판 등
　　　　　　　표면처리 강판(자동차, 전기제품, 캔, 변압기 등 사용)
　　　　　　　건축, 토목 분야에 사용되는 H형강, 강철판, 괘도 등의 건재
- 엔지니어링사업 : 제철 플랜트, 환경 솔루션, 에너지 솔루션,
　　　　　　　　해양강 구조, 건축/강구조, 파이프라인
- 합성소재사업 : 화학품, 기능재료, 복합재료, 콜 케미컬
- 시스템 솔루션 : 위성 데이터처리, 미션 크리티컬 시스템,
　　　　　　　　LAN·WAN 등 네트워크 구축, 토털 IT 솔루션 제공
- 기술·연구개발
　※ ㈜신일본제철은 '19년 4월 일본제철로 사명 변경

※ 방위성 수주 실적
　- '19. 10. 29. : 잠수함용 고압 봄베(01SS용)(방위장비청)
　- '19. 8. 8. : 호위함용 고압 봄베 오버홀(함선보급처)

※ 기타 성청 수주 실적
- '18. : 제2용광로 열풍로 高효율화 사업(경제산업성)
- '18. : 긴급 내진대책 촉진 사업(국토교통성)
- '18. : 카마이시(釜石)항만 방파제 복구공사(부흥청)
- '18. : 계류 체인 피로손상도(疲勞損傷度) 등 내구성 평가(경제산업성)

협력중점 함선용 봄베

기타
장비

㈜ 다이킨공업 (ダイキン工業株式会社)

https://www.daikin.co.jp/

Tel 06-6373-4312

〒530-0015 大阪市北区中崎西2-4-12

창업 1924년 10월 25일   **자산** 850억 엔

사업개요 • 공기조절장치, 화학, 필터 제품을 제조하는 회사로서
다양한 제품과 서비스 제공

사업내용 • 공기조절장치 및 냉동기
• 화학
• 유기(油機)
• 특수기계
• 전자시스템

주요사업 • 공기 조절장치 및 냉동기 : 공기청정기 등
• 화 학 : 반도체, ICT, 신에너지 등의 불소화합물 개발
• 유 기 : 유압과 모터기술을 융합한 고정밀도 유압기기를 개발
• 특수기계 : 최첨단 정밀가공기술을 이용 항공 및 의료 분야 공헌
• 전자시스템

※ 방위성 수주 실적
- '23. 3. 10. : 기재 등의 보수(육자대 후지학교)
- '23. 3. 11. : 유도탄용 구성품에 관한 제조 태세 개선에 관한 검토 역무
- '22. 8. 1. : 건물흡수식 냉동기수리(육자대 후지학교)
- '22. 10. 21. : 호위함 '고호'형용 에어 핸들링 유닛(방위장비청)

협력중점 탄약, 에어, 공기청정기

㈜미네베아미츠미 (ミネベアミツミ株式会社)

http://www.minebeamitsumi.com

Tel 0267-32-2200

Fax 0267-31-1350

〒389-0293 中野県北佐久郡御代田町大学御代田4106-73

창업 1951년 7월 16일　**자산** 682억 5,800만 엔　**연매출** 8,791억 엔

사업개요　• 베어링 등의 기계가공품사업

　　　　　• 전자디바이스, 소형모터 등의 전자기기사업

　　　　　• 자동차 부품 · 산업기계 · 주택기기사업

사업내용　• 기계가공 분야 : 베어링

　　　　　• 전자기계 분야 : 회전기기 등

주요사업　• 방위 관련용 특수기기 : 항공기, 선박에 사용

　　　　　• 기계가공 분야(베어링)

　　　　　　- 항공기 플라이트컨트롤(항공기 날개의 가동부, 문 개폐부 등에 사용),

　　　　　　　항공기엔진 관련 베어링, 미니체어 · 소형볼베어링

　　　　　　- 항공기용 정밀기계조립 부품, 항공기용 중 · 소형베어링

　　　　　• 전자기계 분야

　　　　　　- 회전기기 : 팬모터(컴퓨터 등의 내부열을 외부로 배출하는 모터)

　　　　　　　소형브러쉬리스모터(디지털AV기기, PC주변기기 사용)

　　　　　　- 전자기기 : 액정용 라이팅디바이스(휴대전화, PDA에 사용)

　　　　　　- 계측기기 : 디지털지침계, 압력계 등

　　　　　• 유신제품

　　　　　　- 자동차부품, 산업기계부품, 주택기기 부분(시큐리티 제품 등)

협력중점 항공기, 선박 부품

기타
장비

기-10 ㈜ 요코가와전기

http://www.yokogawa.co.jp

Tel 0422-52-5555
Fax 0422-55-0461
〒 105-8685 東京都武蔵野市中町2-9-32
창업 1915년 9월 1일   **자산** 434억 엔   **연매출** 4,500억 엔

사업개요 • 측정, 제어 및 정보 기술 기반의 전기공학/소프트웨어 업체

사업내용 • 제어사업 : 석유, 가스, 화학, 전력, 철강, 종이펄프, 약품, 식품 등
　　　　　　 • 계측사업 : 전기 · 전자 제품, 자동차 등의 개발, 환경계측, 통신반도체,
　　　　　　　　　　　　자동차, 신에너지, 전지

주요사업 • 제어사업
　　　　　　　 - 통합생산제어시스템, 안전계장시스템, 중소규모의 계장시스템,
　　　　　　　　 지시조절계, 종이 · 필름제어시스템
　　　　　　 • 계측사업
　　　　　　　 - 차압 · 압력전송기, 유량계, 고도전송기, 준위계, 광섬유온도센서,
　　　　　　　　 전력측정기, 데이터수집, 교정기 · 표준발생기, 압력측정기, 광측정기,
　　　　　　　　 현장측정기(생산공장, 전기공장 등의 설비의 보안 · 점검)
　　　　　　 • 민간항공기기
　　　　　　　 - 민간항공기 비행갑판액정 디스플레이
　　　　　　 • 데이터수집
　　　　　　　 - 전압, 전류, 전력 등의 전기측정치의 센서
　　　　　　　 - 온도, 압력 등 측정
　　　　　　 • 환경기기 분석계
　　　　　　　 - 가스분석계, 액체분석계, 환경용분석계

협력중점 항공기 디스플레이

이토추테크노솔루션즈 (伊藤忠テクノソリューションズ)

http://www.ctc-g.co.jp

Tel 03-6403-6000

〒100-6080 東京都千代田区霞ヶ関3-2-5 霞が関ビル

창업 1979년 7월 11일   **자산** 217억 엔   **연매출** 3,916억 엔

사업개요
- 컴퓨터/네트워크 시스템 판매 및 보수, 소프트웨어 수탁개발, 정보처리 서비스, 과학·공학계 정보서비스, 서포트 등 실시
- 시스템 제안 등의 서비스 분야가 전체사업의 42.9%를 차지

사업내용
- 유통·엔터프라이즈
- 정보통신
- 공공·광역
- 금융 사회 인프라
- 기타

주요사업
- 유통·엔터프라이즈 : 제조를 위한 인프라 정비, 보수, 제품 생산
- 정보통신 : 네트워크 시스템 구축, 인프라 설치
- 공공·광역
- 금융·사회 인프라 : 해당기관을 인터넷 서비스 프로바이더 설치 등
- 기 타

협력중점 시스템 관리

기타
장비

㈜ **MLS** (株式会社エム・エル・エス)

〒108-0075 東京都港区港南YKビル7階

창업 2002년 7월   **자산** 1억 엔

사업개요 • 전기기계 제조업체

사업내용 • 전기기계 제조 사업 • 소프트웨어 사업
• 정보서비스 사업 • 방위장비 사업

주요사업 • 전기기계 제조 사업 : 전자계산기, 전기 · 통신용 기구
• 소프트웨어 사업 : 소프트웨어 개발
• 정보서비스 사업 : 정보처리, 통역, 속기, 전자출판물, 도서
• 방위장비 : 방위장비품 조사 · 연구, 정비

※ 방위성 수주 실적(출처 : NSS 입찰정보)
  - '24. 2. 9. : 탄약 등 기술지원(해자대 보급본부)
  - '23. 9. 27. : AEC 교육 관련 시스템 유지업무(해자대)
  - '23. 7. 11. : 요원 국내 교육용 전자계산기 정기보수(해자대)
  - '23. 5. 8. : 다기능 레이더 등의 유지관리(해자보급본부)
  - '23. 2. 7. : 전술데이터링크관리장치 기술지원(해자대)
  - '23. 2. 10. : 전술 데이터 교환 시스템 사활 감시장치(방위장비청)
  - '22. 1. 18. : 이지스 유학 사전강습(ANT) 교육 업무(해자대)
  - '22. 1. 11. : BMD 유도탄 관련 기술지원(해자대)
  - '22. 1. 11. : 탄약 기술지원(미사일)
  - '21. 11. 29. : 전술데이터 관리장치(설치, 설정, 교육, 해자대)
  - '21. 10. 7. : 이지스 무기체계 국내 기술지원(해자대)
  - '21. 2. 26. : 전술 데이터 관리장치(방위장비청)

협력중점 시스템 관리

㈜ YDK 테크놀로지스

https://www.ydktechs.co.jp

Tel 03-3225-5350

Fax 03-3225-5320

〒 105-8685 東京都渋谷区千駄ヶ谷5-23-1 南新宿星野ビル

창업 1960년 10월 1일   **자산** 3억 엔   **연매출** 141억 엔

사업개요 • 계측, 제어, 정보기술을 축으로 최첨단 제품과 솔루션을 제공하는 기업

사업내용 • 방위 관련, 기상 · 수문관측, 환경계측, 항해 · 해양 관련 기기
 • 제어사업 : 플랜트 생산설비의 제어 · 운전 감시
 • 공공 · 광역
 • 계측사업 : 전기 · 전자제출, 자동차 등의 개발, 환경계측 등
 • 항공 · 우주 관련 기기

주요사업 • 기상관측기기
  - 풍향풍속계, 강설량계, 온도 · 습도계, 기압계, 증발계,
    일조 · 일사계 기상관측시스템기기, 노면상태계
  - 수문관측기기(수위계, 유량, 유속계)
 • 정보전송비지니스
  - 항속거리계, 오토파일럿(방위제어방식의 자동조타장치)
 • 항공우주비지니스
  - 항공기용 엔진 관련 기기, 항공기엔진용 점화장치, 지상지원정비기
    연료제어계, 로켓엔진용 점화장치
 • 연료비지니스
  - 산업용 점화장치, 이온전극시화염검출기 등

기타
장비

※ 방위성 수주 실적
　　- '20. 2. 13. : 전자기 로그
　　- '20. 1. 29. : 항법지원장치(NOSN-301) 부품(함선보급처)
　　- '19. 12. 16. : 화학제 검지용 SICAS용 부품(함선보급처)
　　- '19. 11. 1. : 밸브 등 부품(마이즈루 총감부)

협력중점 전자기기 부품

㈜ 응용지질 (応用地質株式会社)

http://www.oyo.co.jp

Tel 03-5577-4501

〒 100-8486 東京都千代田区神田美土代町7

창업 1957년 5월 2일　　**자산** 161억 엔　　**연매출** 576억 엔

사업개요 • 도로 · 도시계획 등 토목 건조물 등 건설 시 지반조사부터
　　　　　　 설계 · 시공감시 관련 일련의 기술업무를 다루는 회사
　　　　　 • 매출 업계 상위권으로 공공사업 수주비율이 높음

사업내용 • 건설 컨설턴트
　　　　　 • 지질조사
　　　　　 • 계량증명사업 : 농도, 음압 수준, 진동가속도 수준
　　　　　 • 측 량

주요사업 • 자원 · 에너지 : 고도의 지질조사, 지열발전사업화 지원,
　　　　　　　　　　　 지열 개발 · 이용촉진 지원, 메탄 하이드레이드 연구개발,
　　　　　　　　　　　 CCS(이산화탄소 체류) 프로젝트, 해양석유자원 조사리스트
　　　　　　　　　　　 저감 솔루션, 수자원 개발 · 지하수 관리
　　　　　 • 지질조사
　　　　　　 - '16. 11. 11. : 미야코지마 주둔지 신설토지조사
　　　　　　 - '11. 1.~3. : 정비장 신설 등 지질조사
　　　　　 • 인프라 : AI 노면 공동(空洞)조사, 인프라 유지관리 · 수명 연장,
　　　　　　　　　　 이설관 조사용 레이더 시스템, 지반가시화로 인한 지질 리스크 저감,
　　　　　　　　　　 관광지 등 교통환경적정화 솔루션
　　　　　 • 방 재 : 거대지진 대비 지진동 산정 · 피해예측 서비스,
　　　　　　　　　　 쓰나미 높이, 침수범위 예측 시스템, 화재예측 방어 시스템,

기타
장비

화산 감시 시스템, 노면붕괴 대책 시스템, 재해 시 인명조사 레이더

- 환 경 : 재해 폐기물 처리 솔루션, 토양오염 대책 솔루션,

  생물다양화보전/환경위생관리/후쿠시마 부흥지원 서비스

협력중점 함정 · 육상 · 장비 탑재 전자기기 정비 분야

http://www.tsk-jp.com/

Tel 045-521-5252

Fax 045-521-1717

〒230-0051 神奈川県横浜市鶴見区鶴見中央2-2-20

창업 1928년 9월 3일   **자산** 2억 1천만 엔

사업개요 해양관측기기 및 수질감시 장치의 설계, 제작, 판매, 보수 및 점검

사업내용 • 해양 수질관측   • 육상 수질관측   • 대기관측

주요사업 • 해양관측 : 해양관측장치, 권양기, 해양관측용 와이어 케이블,
　　　　　　　채집장치 등 해양관측에 관한 기기의 제조 및 판매
　　　　　　- 수문관측기기(수위계, 유량, 유속계)
　　　　• 담수관측 : 수질 자동관측 장치, 염분 농도계 등 댐, 하천에 관한
　　　　　　　기기의 제조 및 판매, 설치방법 제안
　　　　• 대기관측 : GPS존데 시스템(고층 기상관측 시스템)
　　　　　　- 상공에서 위치와 기온, 습도, 대기를 계측

※ 방위성 수주 실적
　- '23. 11. 14. : 수온기록장치
　- '23. 5. 17. : XCTD 프로브
　- '19. 12. 19. : 케이블 등 무기용 부품(함선보급처)
　- '19. 12. 16. : 화학제 검지용 SICAS용 부품(함선보급처)
　- '19. 9. 18. : 심해온도측정용 부이(방위장비청)

협력중점 해양 관측 장치 및 기술

기타
장비

㈜ 쇼난정기 (株式会社湘南精機)

http://www.shounan.co.jp/

Tel 0465-43-5222

Fax 0465-43-5220

〒 256-0804 神奈川県小田原市羽根尾510-13

창업 1961년 3월 20일   **자산** 1,500만 엔

사업개요 생산설비, 생산기술, 생산관리시스템, 측정설비

사업내용 • 생산 및 측정설비

• 생산관리시스템

주요사업 • 생산설비 : 연마기를 사용한 초정밀 부품가공 실시

• 측정설비 : 가공 및 검사에 필요한 측정기를 통한 고정밀 계측

• 생산기술 : 2차원 CAD를 이용 제조공정 검토 실시,

3차원 CAD를 전개 CAM에 의한 프로그래밍 실시

• 생산 관리 시스템

• 항공우주 정밀 기기 관련 부품

협력중점 생산 및 측정설비 분야

https://www.topcon.co.jp/

Tel 03-3966-3141

Fax 0175-24-1192

〒174-8580 東京都板橋区蓮沼町75-1

창업 1932년 9월 1일 　**자산** 167억 엔 　**연매출** 2,156억 엔

사업개요 • 1932년 구육군성의 요청으로 현세이코의 측량기 부문을 주체로
　　　　　　　가쓰마 광학기계제작소의 렌즈 공장시설을 매입하여 설립
　　　　　• 측량, GPS시스템제품, 안과용 의료기구 등 종합정밀기계 제작

사업내용 • Positioning : 측량용 GNSS 수신기, GIS용 GNSS 수신기
　　　　　• 스마트 인프라 : GPS기술, 레이저 기술, 화상분석 기술 융합
　　　　　• 아이케어 : 안과용 검사, 측정, 진단 및 치료기구 등

주요사업 • 정밀 기기 : GNSS, 머신 컨트롤시스템, 3차원 측량, 기기 제어 시스템,
　　　　　　　데이터 수집기, 레이저 등
　　　　　• 아이케어 제품 : 3차원 눈 화상 촬영기, 안구 카메라, 슬릿 램프,
　　　　　　　광학식 안구길이 측정장치 등

※ 납품처 : 방위성, 국토부 등 관공처 및 민간
　- '23. 12. 9. : 120mm 박격포 RT용 조준구(방위장비청)
　- '23. 11. 6. : 굴절률 분포 렌즈 분석
　- '19. 1. 29. : 조준 콜리메이터(방위장비청)
　- '19. 12. 12. : GNSS 안테나(국토지리원)
　- '19. 6. 13. : GNSS 연속관측시스템(국토교통성)

협력중점 3D 측량, 3D 레이저프린터 등 광학기술

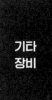

기타
장비

기-18 ㈜ 오오카와공업 (大川工業株式会社)

http://www.ohkawa-kougyou.com

Tel 047-701-8100
Fax 047-701-8111
〒 千葉県松戸市上本郷83
창업 1916년 5월 5일　　**자산** 2,925억 엔

사업개요
- 천막, 텐트, 창고 등 제조업체
- '41년부터 육군병기본창, 병기본부, 피복본창의 지정공장으로 선정된 바 있음

사업내용
- 텐트
- 가설 플로어
- 하우스
- 창 고

주요사업
- 양하기(Cargo Winch) 탈착장치
- 연료탱크 내 드레인용 도구
- Stand, Maintenance, Guided Missile 보수
- 타각 약협처리기 부품(Timing belt, Side Plate 등, 공자대 탄약반)
- 구일본육군 군용천막, 천막고정공구, 들것, 침대 및 항공기 내장 등 장비품을 납품한 바 있기에 현재에도 할 것으로 예상
- 차량용 부품, 항공기 정비기구 및 각종 훈련 기자재
- 경찰청 기동대용 장비품(두랄루민제 방패)
- 자동차 주차장치

협력중점 텐트 및 부품

https://www.teijin.co.jp/

Tel 03-3506-4526

〒 100-8585 東京都千代田区霞が関3-2-1

창업 1918년 6월 17일   **자산** 7,100억 엔

사업개요
- 일본 최초 레이온 메이커로서 발족
- 멀티어리얼(소재), 헬스케어(건강관리), IT 분야 미래사회 지향 회사

사업내용
- 아라미드 섬유, 탄소섬유
- 필름시트, 수지/난연제/첨가제
- 복합성형재료, 섬유/제품

주요사업
- 아라미드 섬유 : 자동차 및 석유 · 가스, 토목공학, 방호 분야
- 탄소섬유 : 철의 10배 강도를 지니며 중량은 철의 1/4로 고강도 및 경량성이 장점
- 필름시트 : 폴리에틸렌 필름, 폴리에틸렌 나프탈레이드 필름 · 폴리카보네이트 시트 등이 자동차, 전자부품에 사용
- 수지/난연제/첨가제
- 복합성형재료
- 섬유/제품
- 의약, 의료기기
- IT

협력중점 탄소섬유, 필름 등 특수재료(전자기기 부품)

기타
장비

기-20 ㈜ 동양방 (東洋紡株式会社)

https://www.toyobo.co.jp/

Tel 06-6348-3111

〒530-8230 大阪市北区堂島浜2-2-8

창업 1982년 5월 3일   **자산** 517억 엔

사업개요 • 필름·기능수지, 라이프 사이언스, 환영, 기능재,
기능 섬유 분야에 있어서의 각종 제품의 제조, 가공, 판매
• 플랜트 기기의 설계, 제작, 판매

사업내용 • 필름 및 기능수지사업, 산업 멀티리얼사업
• 헬스케어, 의료섬유사업

주요사업 • 필름 및 기능수지사업
- 포장용 필름, 공업용 필름, 공업용 접착제, 엔지니어링 플라스틱,
광기능 소재 등
• 산업 멀티리얼사업
- 자동차용 섬유소재, 슈퍼 섬유, 기능 필터, 부직포
• 헬스케어사업
- 진단약용 산소 등의 바이오제품, 의약품, 의용막, 의료용구
• 의료섬유사업 : 기능소재, 의류제품, 의료 직물,
• 방위 산업
- 방위성에 개인용 방호장비 방호복, 방한 전투복2형, 방탄조끼,
육자대 동복, 우비, 고무장갑 납품.

협력중점 함정·육상·장비 탑재 전자기기 정비 분야

https://www.toray.co.jp/

Tel 06-6348-3111

Fax 03-3245-5054

〒103-8666 東京都中央区日本橋室長2-1-1

창업 1926년 1월　**자산** 517억 엔　**연매출** 2조 4천억 엔

사업개요
- 섬유, 기능화성품, 탄소섬유 복합재료를 생산하는 기초소재 업체
- 지구환경에 공헌하며 안전·방재·환경보전에 최우선을 두고 있음

사업내용
- 섬유, 기능화성품
- 탄소섬유복합재료
- 환경/엔지니어링
- 라이프 사이언스

주요사업
- 섬 유 : 나일론·폴리에스테르·아크릴 등의 실·면·방적실 및 인공피역, 부직포, 산업용섬유, 전자정보재료제품
- 기능화성품 : 나일론 등의 수지 및 수지성형품, 전자정보소재, 인사재료, 플라스틱 원료, 필름가공제품
- 탄소섬유복합재료 : 탄소섬유·복합재료 및 성형품 등
- 환경/엔지니어링
  - 수처리 관련 : 해수담수화시스템, 폐수재이용 시스템
  - 건자재 관련 : 조인트식 보수타일, 주택용 외벽재, 외벽타일낙하방지재 주택 및 건축, 토목재료
  - 엔지니어링 관련 : 일렉트로닉스사업, 태양전지, 2차전지, 유기EL조명
- 라이프 사이언스 : 의약품, 의료기기 등

협력중점 섬유소재 등 관련 방위산업(복제, 방호복)

기타
장비

㈜ 히로세상회(상사) (株式会社廣瀬商会)

https://www.hiroseshokai.co.jp/

Tel 03-3271-3851

〒103-0028 東京都中央區八重洲1-4-18

창업 1905년 3월   자산 1억 엔   연매출 430억 엔

사업개요 • 구육·해군과 철도청, 체신성 등 관청에 섬유제품을 납입
        • 현재는 의료기관과 재해대책용 비축상품까지 사업 확대

사업내용 • 섬유제품을 중심으로 한 종합 상사
        • 섬유, 방재용품, 의료제품 판매 및 리스, 생산관리

주요사업 • 클리닝 기기·자재
          - 업무용 세탁기, 건조기, 드라이기, 연속식 수세식기
          - 클리닝용 세제 : 분말세제, 액체세제, 표백제, 중화제, 살균제
        • 리넨용품 : 룸웨어, 작업복, 가운, 침구, 수술용 방수시트
        • 유니폼 : 의료용, 서비스, 식품 관련 유니폼(냉각, 방한성)
        • 안전·방재용품
          - 방재식품, 방재 비축용 기자재(물, 화장실, 음료), 살균제

협력중점 섬유소재 등 관련 분야(의료용, 방호용 복제)

㈜ 테크노이케가미 (株式会社テクノイケガミ)

https://www.techno-ikegami.co.jp/company/

Tel 044-270-5471

Fax 044-270-5493

〒210-0826 神奈川県川崎市塩浜4-13-15

창업 1991년 5월 15일   **자산** 1억 엔

사업개요 • 방송용 카메라를 시작으로 보안용, 의료용 제품 등 수리 업체

사업내용 • 방송용 제품 수리
 • 시큐리티용 제품 수리
 • 메디컬용 제품 수리
 • 검사장치 수리

주요사업 • 방송용 제품 수리 : 카메라, 전송장치 등
 • 시큐리티용 제품 수리 : 감시카메라, 기록장치
 • 메디컬용 제품 수리 : 수술현미경용 RT 카메라, 모니터
 • 검사장치 수리 : 의료용 검사장치
 • 대여업무 : HDTV 시스템 주변기기

협력중점 감시카메라, 영상장비 등

기타
장비

㈜ 전기흥업 (電気興業株式会社)

https://www.denkikogyo.co.jp/

Tel 03-3216-1671

〒 100-0005 東京都千代田区丸の内3-1

창업 1950년 6월 1일　　**자산** 87억 엔　　**연매출** 430억 엔

사업개요
- 전기통신 인프라 정비업체로 설립
- 고주파 응용기술인 유도가열 분야에 진출 활동 중

사업내용
- 전기통신 부문 설계 · 제작 · 건설 · 판매
- 고주파 부문 장치 설계 · 제작 · 건설 · 판매

주요사업
- 전기통신 부문
  - 이동통신(휴대전화를 통한 각종 이동통신 인프라)
    · 기지국안테나, 소형안테나, 이동통신철탑, 건설공사
    · 철탑, 반사판, 안테나 설계 · 제작 · 건설 · 판매
  - 방송 : 방송용 안테나, 아날로그파용 안테나, 중 · 단파용 안테나
  - 정보통신 : 소방구급디지털무선 · 디지털방재행정무선
  - 방재 · 안전 · 위기관리 : 고소감시카메라, 해일피난타워
  - 신에너지 : 풍력발전철탑, 태양광발전실비용
- 고주파 부문
  - 고주파 유도가열장치, 반도체 제조 프라즈마 발생용 고주파 전원장치,
    핵융합 프라즈마 가열용 고주파 전원장이의 설계 · 제작 · 판매
  - 각종 진공화로 설계 · 제작 · 판매
  - 고주파 담금질

협력중점 전기통신 분야

㈜ 도시바인프라시스템즈 (東芝インフラシステムズ株式会社)

https://www.toshiba.co.jp/infrastructure/index_j.htm

Tel 059-377-2053

Fax 059-377-5128

〒212-8585 神奈川県川崎市幸区堀川町72-34

창업 2017년 7월 1일 　**자산** 100억 엔 　**연매출** 6,863억 엔

사업개요
- 도시바 그룹의 계열회사로 인프라 사업 담당
- 풍부한 실적과 지식을 바탕으로 사회 인프라 구축에 공헌

사업내용
- 산업기기 시스템
- 보안 및 자동화 시스템
- 철 도
- 마이크로파 반도체

주요사업
- 보안 및 자동화 시스템
    - 역무기기 시스템, 우편기기 시스템
    - 지폐처리기기 시스템, IC 카드시스템
    - 얼굴조회 시스템
- 산업기기 시스템
    - 산업용 컴퓨터, 산업용 컨트롤러
    - 계측장비기기, 축전기시스템
- 항공보안관제 시스템, 차량용 리듐이온전지, 드론 탐지시스템
  AI시스템, 마이크로파 반도체, 기상레이더

협력중점 81식 단거리지대공 유도탄 시스템 납품, 함선탑재 레이더 납품
고정식 경계레이더장치 납품, 고정익초계기 수색용 레이더 납품

**기타
장비**

㈜ 도시바미쓰비시전기산업시스템

(東芝三菱電機産業システム株式会社)

https://www.tmeic.co.jp/

Tel 03-3277-4325

〒104-0031 東京都中央区京橋3-1-1

창업 2003년 10월 1일　**자산** 150억 엔　**연매출** 2,129억 엔

사업개요 • 제조업 플랜트용을 주체로 한 산업 시스템, 전기품의 판매, 엔지니어링
및 공사, 서비스 및 제조업용 감시 제어 시스템, 파워 일렉트로닉스 기기
및 회전기의 개발, 제조

사업내용 • 중전시스템　　　　　　　• 전자디바이스
• 산업메커트로닉스　　　　• 가정전기
• 정보통신시스템

주요사업 • 헬기 중대용량모터/터빈발전기　• 전력변환장치
• 수변기/발전　　　　　　　　　• 철강/알루미늄
• 종이/펄프　　　　　　　　　　• 석유/화학/소재
• 식품/의약품　　　　　　　　　• 조립가공품/물류
• 철광설비　　　　　　　　　　　• 자동차시험
• 독창기술응용, 반도체
• 무선통신기기, 인공위성, 네트워크 보안 시스템
• 감시제어시스템, 조업지원, 대규모 태양광발전시스템용 파워콘
• 크레인 운전어시스트 시스템, 크레인 모니터링크 시스템

협력중점 통신 전자 부품

㈜ 동양정기 (東洋精機株式会社)

http://toyoseiki-k.co.jp/

Tel 048-596-0342

Fax 048-596-6120

〒 365-0059 埼玉県鴻巣市糠田1570

창업 1978년 3월 15일　　**자산** 1,000만 엔

사업개요　• 산업용 로봇제조를 중심으로 연구개발형 기업
　　　　　• 항공 · 우주 분야에도 종사

사업내용　• 자동차 성력기계의 설계, 제조, 판매
　　　　　• 산업기계, 가공부품, 단품가공부품
　　　　　• 의료용 기기, 기구의 기획개발 및 제조, 판매

주요사업　• 항공 · 우주
　　　　　　- 데시케이터 : 가압 · 음압연성 중에 데시케이터 내부에서
　　　　　　　온도제어에 의한 고온 시험을 하는 용기
　　　　　　- 레이저 용접위치 결정 장치 : 무산소 환경하에서 레이저 용접을 실시하는
　　　　　　　파이버스코프에서위치 결정을 하고 로봇과의 동기에 따라 용접을 하는 유닛
　　　　　• 용 접
　　　　　　- 진공가열 레이저용접기 : 인공위성에 탑재하는 전자부품을 진공가열해
　　　　　　　무산소, 고로점 안에서 레이저용접을 자동으로 실시하는 장치
　　　　　• 기 타
　　　　　　- 발염통 화약충전장치 : 종이통에 화약의 충전에서 뚜껑의
　　　　　　　삽입 · 접착제를 도포해 완성품까지 마무리하고 박스 포장까지
　　　　　　　방폭 제어를 전자동으로 실시하는 장치
　　　　　　- 공기변압용 고깔, 31.5MPa 역지변용 고깔(弁), 스노켈 공급 부분 공기관제고깔,

기타
장비

215

2방향 고깔용 볼, 잠수함용 고압공기관 장치용 밸브, Safety Valve 등

협력중점 로봇제조, 항공 · 우주 기기 등

㈜ 나가키정기 (株式会社永木精機)

https://www.ngk-nagaki.com/

Tel 072-871-3456

Fax 072-871-7167

〒574-0045 大阪府大東市太子田3-4-31

창업 1946년 4월   **자산** 4,600만 엔

사업개요
- 전력 전기설비 건설작업용 안전공구 및 기구
- 에너지 관련 제품의 개발 및 제조 · 판매 서비스

사업내용
- 산업 기계 : 볼트 조임기, 중량기 등
- 사회 인프라 : 재해 복구에 필요한 부품 제작

주요사업
- 주요 생산 제품
- 설비 관련 부품, 측량 관련 부품 등

※ 납품처 : 방위성 등
- '22. 2. 8. : 소해용 장력계
- '18. 12. 19. : MS 매니퓰레이터 수리(원자력연구개발기구)
- '18. 6. 27. : IFMIF/EVEDA원형 가속기 빔 덤프용 특수 슬리프 제작
  (과학기술연구개발기구)
- '18. 6. 15. : 유리 강화용기(이바라키현청)
- '15. 3. 3. : 소해용 장력계(방위장비청)
- '13. 12. 16. : F82H-BA12 강관 모관(母管)재 제작(원자력연구개발기구)

협력중점 금속 부품

기타
장비

㈜ 나카시마초자(유리)공업 (中島硝子工業株式会社)

https//www.ngci.co.jp

Tel 0866-62-1237

Fax 0866-62-1875

〒715-0004 岡山県井原市木之子町5301-2

창업 1938년 3월　　**자산** 9,600만 엔　　**연매출** 50억 엔

사업개요 • 유리 제조 전문업체로 방탄, 방음, 단열 유리 제조 판매

사업내용 • 적층/방탄/강화/특수가공 유리 등 유리류 가공 제조

주요사업 • 초판유리 : 태양광 전지용 커머 유리 제작
　　　　　• 강화유리 : 단열, 차광용 유리
　　　　　• 방탄유리
　　　　　• 고기능복합 강화 유리
　　　　　　- 고투명, 고단열, 고차열, UV차단 등 다양한 기능을 가진 복합유리 제작
　　　　　• 인쇄, 코팅 유리 제작
　　　　　• 발열 복합 유리
　　　　　　- 파손 시 유리의 산란을 방지 및 극한에서 활동하는 차량 및 선박에 이용, 서리 방지 발열 복합 유리

※ 납품처 : 방위성 등
　- '21. 3. 3. : 강화 유리 교체(방위성 후지학교)
　- '17. 4. 25. : 유리 교체 공사(오사카시 교육위)
　- '15. 4. 21. : 현관 홀 창문 교체(오사카시)
　- '13. 5. 7. : 게시판 유리 교체(오사카 교육위)

협력중점 방탄, 강화 유리

㈜ 니치유기연공업 (日油技研工業株式会社)

https//www.nichigi.co.jp/

Tel 049-231-2103

Fax 049-232-1334

〒350-1107 埼玉県川越市的場新町21-2

창업 1980년 12월 1일 　**자산** 14억 7천만 엔 　**연매출** 73억 9천만 엔

사업개요 · 기능제품(케미컬 이디케이터, 건설자재, 기기류)의 제조 및 판매
　　　　　 · 특기제품(화공재, 화공품)의 제조 및 판매

사업내용 · 사회 인프라 : 의료용 멸균팩, 전선 기재
　　　　　 · 항공/우주 : 로켓용 화공품, 방위용 로켓모터 등
　　　　　 · 산업 기계 : 우레탄 응용기술을 이용 암반 고결재
　　　　　 · 자원/에너지 : 연소성이 우수한 화공품 이용 고체식 가스발생기

주요사업 · 주요 생산 제품
　　　　　 · 해양 · 수산 · 하천 환경 : 재해 · 해일 해양관측 기기, 자원 · 해저탐사 수산 · 환
　　　　　　　　　　　　　　　　　경감시 기기
　　　　　 · 전기자재 : 송신선, 철탑의 고장 장소 검출시스템
　　　　　 · 로켓용 화공품 : 관측용 로켓 · 과학위성 및 상업위성 발사로켓의 모터 점화
　　　　　　　　　　　　　화공품
　　　　　 · 기구류 : 전기설비, 해양기구의 제조 및 판매
　　　　　 · 건설자재 : 터널공사의 암반고결재의 개발, 토목 · 건축에서는 특수 시멘트를
　　　　　　　　　　　이용한 무기접착제

협력중점 로켓모터, 화공품 등

**기타
장비**

기-31　㈜ 닛코기화 (日興技化株式会社)

https//www.ngci.co.jp

Tel 093-321-5337
Fax 093-332-5000
〒801-0803 福岡県北九州市門司区田野浦1089
창업 1948년 8월 26일

사업개요 • 폐기물 처리업, 화약류 제조업, 기계기구 설치 공사 등

사업내용 • 폐기물 처리업, 소재

주요사업 • 2015년 방위성 의뢰 폐기물 처리
- 항공기 탑재 탄약 폐기처분(3건)
- 탄약 등 폐기처분(2건)
• 2016년 방위성 의뢰 폐기물 처리
- 항공기 탑재 탄약 폐기처분(1건)
- 추진작동장치 폐기처분(2건)
- 탄약·불발탄약 폐기처분(4건)
- AIM-7E 등 폐기처분(4건)
• 2017년 방위성 의뢰 폐기물 처리
- 추진작동장치 폐기처분(2건)
- 탄약·불발탄약 폐기처분(3건)
- AIM-9L 탄두 폐기처분(5건)
- 로켓모터 폐기처분(1건)
• 2018년 방위성 의뢰 폐기물 처리
- AIM-9L 탄두부 폐기처분(3건)
- 로켓모터 폐기처분(2건)

- 불용탄약 처분(5건)
- 최루가스통 및 최루가스탄환 수집운반처리 업무 위탁(방위성)
• 2019년 방위성 의뢰 폐기물 처리
  - 불용탄 처분(27건) / AIM-7M 로켓모터 처분
  - 임펄스 카트릿지 처분

협력중점 폐기물 처리

기타
장비

㈜ 일강특기 (日鋼特機株式会社)

www.nikko-tokki.co.jp/index.html

Tel 03-5326-8672

〒163-0429 東京都新宿区西新宿2-1-1 新宿三井ビル2908号

창업 2009년 2월 3일   **자산** 1억 엔   **연매출** 33억 엔

사업개요 • 전기기계, 조명 기구, 방위 관련 기구 등의 정비, 부품 판매

사업내용 • 화포, 전투차량, 특수 장갑 차량 등의 정비 및 서비스
• 화포, 전투차량, 특수 장갑 차량 등의 부품 제조 판매

주요사업 • 차량 제조 및 판매
• 일반/산업용 기자재 제조 및 판매
• 방위용 장비품 제조 및 판매
• 기타 물품 제조 및 판매
• 차량 및 방위장비품 정비

※ 방위성 수주 실적
- '23. 11. 16. 120mm 전차포 좌판 오버홀
- '23. 10. 12. : 155mm용 탄포
- '23. 9. 25. : 격침
- '19. 11. 20. : 97식 자주고사기관총포 정비(홋카이도보급처)
- '19. 11. 20. : 120mm 전차포 오버홀(홋카이도보급처)
- '19. 10. 8. : 120mm TKG, JM12A1형 모조탄(보급통제본부)
- '19. 9. 3. : 약협 플러그(보급통제본부)
- '19. 7. 18. : 제어기 블랑켓 ASSY(보급통제본부)
- '19. 3. 27. : 스크류(보급통제본부)

- '18. 8. 28. : 제어기 블랑켓(방위성)
- '18. 7. 11. : 155mm 유탄포 FH-70 오버홀(방위성)
- '18. 3. 27. : 조광기판(방위성)
- '18. 3. 27. : 케이블(방위성)
- '18. 3. 20. : 서보앰프(방위성)
- '18. 3. 20. : 링(제연장치, 방위성)
- '18. 3. 20. : 조절용 고리(調整環, 방위성)
- '18. 3. 9. : 워셔(방위성)

협력중점 각종 장비 기자재

기타
장비

㈜ 일본벌커공업 (日本バルカ―工業株式会社)

https//www.valqua.co.jp/

Tel 03-5434-7370

Fax 03-5436-0564

〒940-8605 新潟県長岡市城岡2-8-1

창업 1932년 4월 8일   **자산** 139억 엔   **연매출** 376억 엔

사업개요 • 공업용 패킹 생산 탑 메이커
  • 산업기기, 화학, 기계, 에너지, 반도체, 자동차, 우주/항공산업 등
    모든 산업용 섬유, 불소수지, 고기능 고무 등 각종 조재 제품을
    설계, 제조, 가공 및 판매

사업내용 • 반도체 사업 : 프라즈마 장치, 반응성 이온장치에 진공 구동부 및 진공 밸브
  • 전자 · 전기 사업 : 인공위성 탑재용 배터리 단지의 실
  • 자동차 사업 : 초고압 연료분사 장치 및 유압제어용 장치
  • 자원 사업 : 유압 공기압 기기, 계측장치
  • 산업기기, 화학, 기계, 에너지, 통신기기, 우주 · 항공산업

주요사업 • 주요 생산 현황
    - 고무제품 27%, 섬유제품 20%, 금속제품 14%,
      합성수지 31%, 밸브 5%, 기타 3%
    - 항공기기용 실(방위성 인정품목 및 초기 시험합격품목)
    - O링크 백업(방위성 인정품목)
    - 항공기 기기용 고온고압 실(방위성 인정품목)
    - 전기 절연용 튜브 및 봉재(방위성 인정품목)
    - 인공위성 탑재용 배터리 단자 실 소재

협력중점 항공기 부품

㈜ 일본파커라이징 (日本パーカライジング株式会社)

https//www.parker.co.jp/

Tel 03-3278-4333

Fax 03-3278-4314

〒103-0027 東京都中央区日本橋1-15-1

창업 1928년 7월 12일　　**자산** 45억 6,000만 엔　　**연매출** 1,090억 엔

사업개요 • 금속 표면처리, 윤활제, 피막제, 분체 도장 등 녹방지 전문 회사

사업내용 • 약품사업 : 화성처리약제, 압연유, 방청유, 무전해 도금액 개발 판매
　　　　　• 가공사업 : 방청 · 열처리 도금 도장 등 수탁 가공
　　　　　• 장치사업 : 전착도장장치, 배수처리 설비, 분체도장 장치

주요사업 • 열교환기, 오염방지 벽
　　　　　• 자동차 부품의 부식 방지 기능성 표면 처리제
　　　　　• 항공/우주 분야의 도장 및 표면처리
　　　　　• 고기능 복층 유리 실 제조
　　　　　• 선박 및 원자력 등에 사용되는 열교환기

협력중점 도장 처리

기타
장비

㈜ 히노데공업소 (株式会社日之出工業所)

https//hinode25.com/

Tel 044-322-2222

Fax 0773-64-2692

〒625-0062 京都府舞鶴市字森510-3

창업 1950년 5월 1일　　**자산** 1천만 엔

사업개요　• 정밀기계부품의 부분 가공 및 AS, 금속프레스 판금 및 용접 등

사업내용　• 금속 프레스, 기계 가공

　　　　　• 제관일습 조립

주요사업　• 금속프레스 가공

　　　　　　- 디이프 드로잉 가공, 스피닝 가공, 기타

　　　　　• 기계 가공

　　　　　　- 프레이스 가공, 원반 가공, 연마 가공, 볼반 가공

　　　　　　- 방전 가공, 와이어 커트 가공, 기타

　　　　　• 제관일습 조립

　　　　　　- 각종 육상기기, 산업부품, 스폿 용접, 정밀방능시험, 기타

협력중점　정밀기계부품 가공 등

㈜ 포트론 (株式会社フォトロン)

https//www.photron.co.jp/

Tel 3518-6290

〒101-0051 東京都千代田区神田神保町1-105

창업 1968년 7월 10일   **자산** 1억 엔

사업개요 • CAD 관련 소프트웨어, 고화질 영상처리시스템,
          방송용 영상기기 개발, 제조 및 판매가 중점

사업내용 • 이미지 사업
          • CAD 사업
          • 영상네트워크 사업
          • 의료영상 시스템 사업

주요사업 • 이미지 사업 : 인간의 눈에 보이지 않는 순간포착 테크놀로지 기술,
          세계 최고 품질의 하상 계측 시스템
          • CAD 솔루션 사업 : 기계, 건축, 토목 등 각종 업종에 활용 가능한 2차원 CAD,
          노면관리 시스템 개발 및 판매
          • 방송영상 시스템 사업 : 방송영상 기기 설계에서 도입까지의 제안 및
          방송 및 프로 영상 기기의 시스템 안테그레이터
          • 영상네트워크 사업 : 영상제작 및 송신
          • 의료영상 시스템 : 의료용 화상시스템 구축, 토탈 솔루션 제공
          • 교육영상 시스템 : 대학 및 기업 강의 녹화 및 발신 시스템 판매
          • LSI개발사업 : 독자 경험 기술로 영상처리 및 화상처리 LSI 개발
          • 시스템 구축 및 보수사업 : 전기통신공사에서 시스템 보수, 운용

**기타
장비**

협력중점 고 화질 영상처리, 방송 시스템 등

㈜ 토모에 (株式会社朋栄)

http://www.fpr-a.co.jp

Tel 03-3446-3121

Fax 3446-4451

〒 150-0013 東京都渋谷区恵比寿3-8-1

창업 1971년 10월 21일 **자산** 4억 5,000만 엔 **연매출** 103억 엔

사업개요 • 세계 최초로 비디오타이머를 개발·제품화하면서
방송영상제작 연구개발 및 제조하는 기업

사업내용 • 전자기계기구, 전자응용기계기구 및 전자계측기
• 전자정보처리장치의 개발·제조 판매

주요사업 • 방송·영상제작
- IP 관련 제품 : 통합제어감시소프트웨어
- 특수용도카메라 : 고속도카메라(순간 연속촬영카메라)
- 자막제작 관련 : 방송용 자막, HD디지털자막송출·감시·시큐리티
- 카메라표시 : HD대응감시카메라, 비디오타임 시간표시 등
- 신호처리 : 비디오·오디오 신호배분기
- 화면분할·모니터 : 화면분할기, 감시용모니터, 강화유리모니터
- 데이터보관용 서버, 장시간녹음대응레코더 등 정보전송
- 영상전송 : 라이브스트리밍용 모바일트랜스미터 등
  ※ 관공청 납품 : 가상현실 콜라보레이션 시스템, 특수영상, 영상편집시스템,
  콘텐츠 제작관리시스템, 에셋 매니지먼트 시스템, 쌍방향전송시스템

협력중점 전자기계기구, 전자계측기, 의료기 등

㈜ 홋카이도니치유 (北海道日油株式会社)

http://www.hnof.co.jp

Tel 0126-67-2211

Fax 0126-62-1114

〒079-0167 北海道 美唄市光珠內549

창업 1994년 2월 　**자산** 2억 2천만 엔

사업개요 • 염소를 포함하지 않은 친환경 동경반지제와 살포장치로
　　　　　 높은 효과를 발생시키는 동결방지시스템을 제공

사업내용 • 산업용 폭약 · 화공품 　• 화약류 폐기 　• 동경방지제 살포장치

주요사업 • 액상동결 방지제
　　　　　 - 도로 · 구조물 · 계단 · 육교 등의 동결방지
　　　　　 - 전기통신 · 누전 등 동결방지 및 제빙
　　　　 • 축산용 자제
　　　　　 - 우사 · 계사 등의 소독차량 소독약의 동경반지
　　　　 • 산업용 폭약 硝安유제폭약(ANFO폭약)제조
　　　　 • 폭약 기폭에 필요한 전기뇌관 · 공업뇌관 생산

※ 방위성 수주 실적
　 - '24. 1. 29. : 03식 중거리 지대공 유도탄 탄두
　 - '23. 4. 24. : AIM-7F 유도 제어부 폐기처분
　 - '22. 11. 21. : 20mm 탄 폐기처분
　 - '19. 6. 21. : ATM-9L 로켓 모터 폐기처분(제4보급처)
　 - '19. 3. 15. : 탄약 등 외주(107M, RAP, 보급통제본부)

협력중점 폭약 · 화공품 등

기타
장비

http://canon.jp

Tel 03-3758-2111

Fax 3446-4451

〒 東京都大田区下丸子3-30-2

창업 1937년 8월 10일   **자산** 1,747억 엔   **연매출** 4조 1,809억 엔

사업개요 • 카메라, 비디오 등 영상기기, 프린터, 복사기 등 사무기기,
　　　　　　　 디지털 멀티미디어 기기, 반도체 노광장치를 제조하는 대기업
　　　　　　• '49년 상장 이후 연간 적자를 기록사례 없음

사업내용 • 오피스
　　　　　　• 의료 시스템
　　　　　　• 이미지 시스템
　　　　　　• 산업기기 제작

주요사업 • 카메라 : DSLR, 컴팩트 디지털 카메라, 교환렌즈
　　　　　　• 비디오 : 디지털 비디오카메라, 디지털 시네마 카메라, 방송 기기,
　　　　　　　　　　　 네트워크 카메라
　　　　　　• 의료기기 : 안과용 측정기기, X선 사진촬영기기(디지털 라디오그래피),
　　　　　　　　　　　　의료사진기록기기, CT진단장치
　　　　　　• 스캐너
　　　　　　• 프린터 : 잉크젯/레이저 프린터, 대형 프린터, 업무용 사진 프린터,
　　　　　　　　　　　복합기, 프로젝터
　　　　　　• 노광장치(Stepper) : 반도체 및 플랫패널 디스플레이 노광장치
　　　　　　• 요소 기술 : 컬러 매니지먼트 시스템, 영상인식기술, 통신 네트워크 기술,
　　　　　　　　　　　　클라우드 서비스, 보안기술, OS 기술, 시스템 LSI 통합설계환경 등

- 우주관찰 토모에코젠, 우주 탐색 렌지 장착 카메라 개발
- 광학 · 이미징 기술을 활용한 우주 신비 해명
- 인공위성 개발 참여, 각종 AI를 활용한 기술
- 환경 배려 기술, 4K 디스플레이, 3D 머신비전
- 재료연구, 생산기술(생산설비 · 가공장치 · 초정밀가공 · 계측기술)

협력중점 카메라, 사무기기

기타
장비

㈜ 니 콘 (株式会社ニコン)

https//www.jp.nikon.com

Tel 03-6433-3600

〒108-6290 東京都港区港南2-15-3

창업 1917년 7월 25일 **자산** 655억 엔 **연매출** 6,281억 엔

사업개요 • 광학 기계류의 제조 및 판매

사업내용 • 영상 사업 : 디지털 카메라, 망원경, 레이저 거리 측정기
• 정밀기기 사업 : FPD 제조, 반도체 제조
• 산업 기계 : 항공기 및 자동차 부품의 측정 및 검사 기기

주요사업 • 디지털 카메라, 산업용 렌즈 등 제조
• 기계 중공업 건설 분야의 측량, 검사 분석기 제조
• 위성 천제 관련
  - 위성 센터용 광학계 : 적외선 천문위성(아카리), 육지관측 기술위성(다이치),
                        금성탐사기(아카츠기)
  - 천체관측기기 : 대형 광학 적외선 망원경(스바루)
• 특수기기 : 축소노출장치, 현미경, 액침 간섭 노출광 실험장치 등
• 광학 유닛 : 방사선 시설용 페리스콥, 수중 고성능 TV카메라용 줌 렌즈,
            철도차량 탑재용 검사렌즈
• 광학 부품 : 광통신 필터, 컬러 센서 필터, 소라 시뮬레이터용 필터,
            형광관찰용/분석용 필터, 미소(微小) 패턴 광학부품.
            박판(薄板) 기반 필터

협력중점 카메라, 렌즈

부록

Ⅰ. 일본의 국가방위전략(國家防衛戰略) 기본방침

일본 방위의 근간인 방위력은 일본의 안보를 확보하기 위한 최종적인 담보이며, 일본에 위협이 미치는 것을 억지함과 동시에 위협이 미칠 경우 이를 저지·배제하고 일본을 지켜 낸다고 하는 의사와 능력을 나타내는 것이다. 이러한 방위력에 관해서 일본은 전후 일관되게 절도 있는 효율적인 정비를 실시해 왔다. 특히, 1976년의 '방위계획의 대강에 관해'(昭和 51년 10월 29일 국방회의결정 및 각의결정) 책정 이래, 일본이 방위력을 보유·유지하는 의의는 특정의 위협에 대항한다는 것보다 일본 스스로가 힘의 공백이 되어 일본 주변 지역에서의 불안정 요인이 되지 않는 것에 있다고 여겨졌다.

냉전 종결 후 자위대의 역할과 책무는 국내외에서의 대규모 재해 등에 대한 대응이나 국제평화협력 활동 등으로 확대되어 다양한 사태에 대응하게 되었다. 또한, 2010년, 2011년 이후 방위계획의 대강에는 방위력의 존재 자체에 의한 억지효과를 중시한 '기반적 방위력 구상'에 근거하지 않기로 하고, 2013년에는 2014년도 이후 방위계획의 대강에 엄중함을 더하는 안보환경을 현실로 간주하고, 실효적인 방위력을 구축을 위해 방위력을 강화해 왔다. 그러나, 일본 주변국 등은 그 이후에도 군사적인 능력을 대폭 강화하고 나아가 미사일 발사나 군사적 시위활동을 급속히 확대함에 따라 일본과 지역의 안보를 위협하고 있다.

이러한 활동의 고조는 어떠한 형태로 의사가 변화하여 힘에 의한 일방적인 현상변경이 일어날지 예측이 매우 곤란한 상황이다. 일단, 힘에 의한 일방적인 현상변경이 발생하면 매우 막대한 인적·물적 피해가 발생하게 되며 지역뿐만 아니라 세계의 경제·금융·에너지·해상교통·항공교통 등이 혼란해지고, 사람들의 일상생활에 커다란 영향을 주는 것은 러시아의 우크라이나 침략으로 인해 명백해졌다.

따라서, 앞으로의 방위력에 관해서는 상대의 능력과 전투 방식에 착목하여 일본을 방위하는 능력을 지금까지 이상으로 근본적으로 강화함과 동시에 새로운 전투방식에 대한 대응을 추진하고 언제, 어떤 때라도 힘에 의한 일방적인 현상변경과 그 시도는 결코 허용되지 않는다는 의사를 명확히 해 나갈 필요가 있다. 이러한 노력은 일본 혼자만으로 할 수 있는 것이 아니며 동맹국·파트너국 등과 긴밀히 협력·공조하여 실시해 나갈 필요가 있다. 이를 위해 본 전략에서 일본의 방위목표를 명확히 한 후 방위목표를 달성하기 위한 접근법과 구체적인 수단을 나타내고 모든 노력을 통합하여 실시해 나갈 필요가 있다.

일본의 방위목표는 아래와 같이 제1의 목표는 힘에 의한 일방적인 현상변경을 허용하지 않는 안보 환경을 창출하는 것이다. 제2의 목표는 일본의 평화와 안전에 관계되는 힘에 의한 일방적인 현상변경이나 그 시도에 관해 일본으로서 동맹국·파트너국 등과 협력·공조하여 억지하는 것이다. 또한, 이것이 발생했을 경우에도 일본에 대한 침공으로 이어지지 않도록 모든 방법에 의해 즉시 대응하여 행동하고, 조기에 사태를 수습하는 것이다. 제3의 목표는 만일 억지가 무너져 일본에 대한 침공이 발생한 경우 그 사태에 따라 빈틈없이 즉시 대응하고, 일본이 주된 책임을 갖고 대처하며, 동맹국 등의 지원을 받으며 이를 저지·배제하는 것이다. 또한, 핵무기의 위협에 대해서는 핵 억지력을 중심으로 하는 미국의 확장억제가 불가결한바, 제1부터 제3까지의 방위목표를 달성하기 위한 일본 자신의 노력과 미국의 확장억제 등이 어우러져 어떠한 사태든 일본을 지켜 낼 것이다.

방위목표를 실현하기 위한 접근법은 다음과 같이 각각의 접근법 가운데 구체적인 수단을 나타낸다. 제1의 접근법은 일본 자신의 방위체제의 강화로서 일본 방위의 중핵이 되는 방위력을 근본적으로 강화함과 동시에 국가 전체의 방위체제를 강화하는 것이다. 제2의 접근법은, 동맹국인 미국과의 협력을 한층 강화함으로써 일미동맹의 억지력과 대처력을 더욱 강화하는 것이며, 제3의 접근법은, 자유롭고 열린 국제질서의 유지·강화를 위해 협력하는 파트너국 등과의 공조를 강화하는 것이다.

1. 일본 방위력의 근본적 강화

일본의 안전보장을 최종적으로 담보하는 방위력에 관해서는 지금까지 상정되는 각종 사태에 실로 실효적으로 대처하고 억지할 수 있는 것으로 목표로 해 오고 있다. 구체적으로는 2018년 '平成 31년도 이후에 관계된 방위계획의 대강'(2018년 12월 18일 국가안전보장전략회의 결정 및 각의결정)에서 평시에서 유사사태까지의 모든 단계에서의 활동을 빈틈없이 실시할 수 있도록 우주·사이버·전자파의 영역과 육·해·공 영역을 유기적으로 융합시키며 통합 운용에 의해 기동적·지속적인 활동을 실시할 수 있는 다차원 통합방위력을 구축해 왔다.

국제사회가 전후 최대의 시련의 시기를 맞이하는 가운데, 상대의 능력과 새로운 전투방식을 감안하여 상정되는 각종 사태에 대한 대응에 관해 능력 평가 등을 통한 분석에 의한 장래의 방위력의 방식을 검토해 왔다. 이러한 점을 감안하면 힘에 의한 일방적인 현상변경과 그 시도로부터, 앞으로도 국민의 생명과 평화로운 생활을 지켜 나가기 위해 지금까지의 다차원적 통합 방위력을 근본적으로 강화하고 그 노력을 더욱 가속화하여 추진해 나갈 것이다.

방위력의 근본적 강화의 기본적 사고방식은 다음과 같다.

가. 우선, 근본적으로 강화된 방위력은 방위 목표인 일본 자체에 대한 침공을 일본이 주된 책임을 갖고 저지·배제할 수 있는 능력이어야 한다. 이는 상대에게 있어 군사적 수단으로는 일본 침공의 목표를 달성할 수 없으며 발생할 손해라고 하는 코스트에 걸맞지 않다고 인식시킬 수 있는 만큼의 능력을 일본이 갖는 것을 의미한다. 나아가 일본에 대한 침공을 저지·배제할 수 있는 방위력을 일본이 보유할 수 있다면 동맹국인 미국의 능력과 더불어 일본에 대한 침공뿐만 아니라 인도-태평양 지역에서의 힘에 의한 일방적인 현상변경이나 그 시도를 억지할 수 있으며, 나아가서는 그것을 용인하지 않는 안보 환경을 창출하는 것으로 이어진다.

나. 나아가 근본적으로 강화된 방위력이 일본에 대한 침공을 억지할 수 있도록 상시적 정보수집·경계감시·정찰(ISR)이나 사태에 응하여 유연하게 선택되는 억지초치(FDO)로서의 훈련·연습 등에 더하여 對영공침범조치 등을 실시하여 어떠한 사태에도 빈틈없이 즉시 대응·대처할 수 있는 능력이어야 한다. 이를 실현하기 위해서는 부대의 활동량이 늘어나는 중이라고 하더라도 자위대원의 능력이나 부대의 연도 향상에 필요한 훈련·연습 등을 충분히 실시할 수 있도록 내외에 훈련 기반을 확보하고 유연한 근무태세를 구축하는 등 높은 즉응성·대처력을 보유한 방위력을 구축할 필요가 있다.

다. 근본적으로 강화된 방위력은 새로운 전투방식에 대응할 수 있는 것이어야 한다. 영역횡단작전, 정보전을 포함한 하이브리드전, 미사일에 대한 요격과 반격이라고 하는 다양한 책무를 통합하고 미국과 공동으로 실시해 나가기 위해서는 국가안전보장전략, 본 전략 및 방위력 정비계획에 나타난 방침, 나아가 이들과 부합하는 통합적인 운용 구상에 의해 일본의 방위상 필요한 기능·능력을 지도하고 그 능력을 육상자위대·해상자위대·항공자위대 중 어디가 보유해야 할지를 결정해 나갈 필요가 있다.

라. 상기 (다)의 일본의 방위상 필요한 기능·능력으로서 우선, 일본에 대한 침공 그 자체를 억지하기 위해 원거리에서 침공 전력을 저지·배제할 수 있도록 할 필요가 있으며, 이를 위해, '스탠드오프 방위능력'과 '통합 방공 미사일 방위능력'을 강화한다. 또한, 만일 억지가 무너져 일본에 대한 침공이 발생한 경우 이 능력에 더하여 유인 장비, 나아가 무인 장비를 구사함과 동시에 수중·해상·공중이라고 하는 영역을 아울러 우월성을 획득하고 비대칭적인 우세를 확보할 수 있도록 할 필요가 있다. 이를 위해 '무인자산 방위능력', '영역횡단작전능력', '지휘통제·정보 관련 기능'을 강화한다. 또한, 신속하고 끈질기게 지속 활동하여 상대방의 침공 의도를 단념시킬 수 있어야 하며, 이를 위해 '기동전개능력·국민보호', '지속성·강인성'을 강화한다.

마. 이러한 방위력의 근본적 강화는 어떠한 형태에 의한 힘에 의한 일방적 현상변경이 발생할지 예측 곤란하다는 점에서 신속하게 실현해 나갈 필요가 있다. 구체적으로는 5년 후 2027년까지 일본에 대한 침공이 발생할 경우, 일본이 주된 책임을 갖고 대처하고 동맹국 등의 지원을 받으며 이를 저지·배제할 수 있도록 방위력을 강화한다. 나아가 대략 10년 후까지 이 방위목표를 보다 더 확실하게 하기 위해 보다 조기에 원거리에서 침공을 저지·배제할 수 있도록 방위력을 강화한다. 앞으로 5년간의 최우선 과제는 현재 보유하는 장비품을 최대한 유효하게 활용하기 위해 가동률 향상이나 탄약·연료의 확보, 주요한 방위시설의 강인화에 대한 투자를 가속화함과 동시에 장래의 중추가 될 능력을 강화하는 것이며, 이 방위력의 구축은 시시각각 변화하는 일본을 둘러싼 안보 환경을 감안하여 부단히 재검토하고 그 변화에 적응해 나갈 수 있는 것으로 한다.

바. 이 방위력의 근본적 강화에는 대규모의 경비와 그에 상응하는 인원의 증가가 필요하나 방위력의 근본적 강화의 실현에 기여하는 형태로 scrap and build를 철저히 하여 자위대의 조직 정원과 장비의 최적화를 실시함과 동시에 효율적인 조달 등을 추진해 대폭 코스트 삭감을 실현해 온 지금까지의 노력을 방위생산기반에도 유의하며 더욱 지속 강화해 나간다. 이와 함

께 인구 감소와 저출산·고령화를 감안하여 무인화, 인력 감축, 최적화를 철저히 해 나간다.

사. 이상의 방위력의 근본 강화의 목적은 어디까지나 힘에 의한 일방적인 현상변경이나 그 시도를 허용하지 않고, 일본에 대한 침공을 억지하는 것에 있다. 일본이 스스로의 방위력을 근본적으로 강화함으로써 일미동맹의 억지력·대처력이 더욱 강화되고 파트너국 등의 공조가 강화된다. 이를 통해 일본의 의사와 능력을 상대에게 확실히 인식시키고 일본을 과소평가하도록 하지 않고 상대방이 스스로의 능력을 과대평가하도록 하지 않음으로써 일본에 대한 침공을 억지한다. 이것이 일본의 방위력의 근본적 강화의 목적이다.

아. 일본에 대한 침공을 억지하는 데 있어 열쇠가 되는 것은 스탠드오프 방위능력 등을 활용한 반격 능력이다. 최근, 일본 주변에서는 극초음속 무기 등의 미사일 관련 기술과 포화공격 등 전략적인 미사일 운용 능력이 비약적으로 향상되어 질적·양적으로 미사일 능력이 현저하게 증강되는 가운데, 미사일의 발사도 반복되고 있어 일본에 대한 미사일 공격이 현실의 위협이 되고 있다. 이러한 가운데 앞으로도 변칙적인 궤도로 비행하는 미사일 등에 대응할 수 있는 기술 개발을 실시하는 등 미사일 방위능력을 질적·양적으로 부단히 강화해 나간다. 그러나, 탄도미사일 방위라고 하는 수단에만 계속 의존할 경우, 향후 이 위협에 대해 기존의 미사일 방위망만으로 완전히 대응하는 것은 계속해서 어려워진다. 따라서, 상대로부터 미사일에 의한 공격을 받았을 경우, 미사일 방위망으로 날아오는 미사일을 막으면서도, 상대로부터의 추가 무력공격을 막기 위해 일본으로부터 유효한 반격을 상대에게 더하는 능력 즉, 반격능력을 보유할 필요가 있다. 이 반격능력이란 일본에 대한 무력공격이 발생하고 그 수단으로서 탄도미사일 등에 의한 공격이 실시될 경우, 무력행사 3요건에 기초하여 그러한 공격을 막기 위해 어쩔 수 없이 필요최소한도의 자위 조치로써 상대의 영역에서 일본이 유효한 반격을 가하는 것을 가능하게 하는 스탠드오프 반격능력 등을 활용한 자위대의 능력을 말한다. 이러한 유효한 반격을 가하는 능력을 가짐으로써 무력공격 그 자체를 억지한다. 이를 바탕으로 만일, 상대로부터 미사일이 발사될 때에도 미사일 방위망에 의해 날아오는 미사일을 막으면서도 반격 능력에 의해 상대로부터의 추가 공격을 막아 국민의 생명과 평화로운 생활을 지켜 나간다. 이 반격 능력에 관해서는 1956년 2월 29일에 정부 견해로서 헌법상, '유도탄 등에 의한 공격을 방위하는 데 있어 달리 수단이 없다고 인정되는 한 유도탄 등의 기지를 때리는 것은 법리적으로는 자위의 범위에 포함되며 가능하다'고 하면서도, 지금까지 정책 판단으로서 보유

하지는 않았던 능력에 해당하는 것이다. 정부 견해는 2015년 평화안전법제에서 표명된 무력행사의 3요건하에 행사되는 자위의 조치에도 그대로 들어맞는 것으로 이번에 보유하기로 한 능력은 이 사고방식하에서 상기 3요건을 충족하는 경우에 행사할 수 있는 것으로 한다. 이러한 반격 능력은 헌법 및 국제법의 범위 내에서 전수방위의 사고방식을 변경하는 것이 아니며, 무력행사 3요건을 충족해야만 행사되며 무력공격이 발생하지 않은 단계에서 스스로 먼저 공격하는 선제공격은 허용되지 않는다는 점은 말할 필요도 없다. 또한, 일미의 기본적 역할분담에 이후에도 변경은 없으나, 일본이 반격 능력을 보유함에 따라 탄도미사일 등의 대처와 마찬가지로 일미가 공동으로 대처해 나가기로 한다.

2. 국가 전체의 방위체제 강화

가. 힘에 의한 일방적인 현상변경을 허용하지 않는 대응에 있어 중요한 것은, 일본 자신의 방위체제 강화에 수반되는 외교 노력이다. 일본으로서 자유롭고 열린 인도태평양(FOIP)이라는 비전의 추진 등을 통해 힘차게 외교를 추진해 나감으로써 평화롭고 안정되며 예측 가능성 높은 국제질서를 능동적으로 창출하고 힘에 의한 일방적인 현상변경을 미연에 방지함과 동시에 일본이 평화와 안전, 지역과 국제사회의 평화와 안정, 번역을 확보해 나간다. 이러한 외교력과 함께 방위성·자위대에서는 동맹국과의 협력 및 파트너국 등과 다층적인 공조를 추진하고 바람직한 안보 환경의 창출에 임해 나가기로 한다. 또한, 힘에 의한 일방적인 현상변경이나 시도를 억지한다는 의사와 능력을 계속해서 보이며 상대의 행동에 영향을 미치기 위해 FDO로서의 훈련·연습 등이나 전략적 커뮤니케이션(SC)을 정부 일체로서 그리고 동맹국·파트너국 등과 함께 충실·강화해 나갈 필요가 있다.

나. 평소부터 상시 ISR 및 분석을 관계 성청이 제휴하여 실시해 나감으로써 사태의 징후를 조기에 파악함과 동시에 사태에 따라 정부 전체가 신속한 의사결정을 실시하고 관계기관이 제휴해 나가는 것이 중요하다. 이 과정에서 인지 영역을 포함한 정보전에 관해 허위정보의 유포 등에 대응한 fact check 능력이나 카운터 발신능력 등을 강화하여 유사시는 물론 평소에도 정부 전체의 대응을 강화해 나간다.

다. 정부 전체의 의사결정에 기초하여 관계기관이 연계하여 행동함으로써 힘에 의한 일방적인 현상변경을 허용하지 않는 것이 중요하다. 이를 위해 평소에도 정부 전체로서 연계 요령을 확립시키고 시뮬레이션이나 통합적인 훈련·연습 등을 실시하여 대처의 실효성을 향상시킨다. 특히, 원자력 발전소 등의 중요 시설의 방호, 낙도 주변지역에서의 외부로부터의 무력공격에 이르지 않는 침해나 무력공격사태에의 대응에 대해서는 유사시를 염두에 두고 평소에도 경찰이나 해상보안청과 자위대 간에 훈련이나 연습을 실시하고 특히, 무력공격사태에서 방위대신에 의한 해상보안청의 통제 요령을 포함하여 필요한 연계 요령을 확립한다.

라. 우주·사이버·전자파 영역은 국민생활에 있어서의 기간 인프라임과 동시에 일본의 방위에 있어 영역횡단작전을 수행 시 사활적으로 중요하다는 점에서 정부 전체가 그 능력을 강화해 나간다. 우주 공간에 관해서는 정보수집, 통신, 측위 등의 목적에서의 안정적인 이용을 확보하는 것은 국민 생활과 방위의 쌍방에 있어 사활적으로 중요한바, 방위성·자위대에서는 우주항공연구개발기구(JAXA)를 포함한 관계기관이나 민간 사업자 간의 연구·개발을 포함한 협력·제휴를 강화해 나간다. 사이버 영역에서는 외국이나 관계부처 및 민간 사업자와의 제휴에 의해 평시부터 유사사태 시까지 모든 단계에서 정보수집 및 공유를 도모함과 동시에, 일본 전체로서의 사이버 안보 분야에서의 대응 능력 강화를 도모하는 것이 중요하다. 정부 전체적으로 사이버 안보 분야의 정책이 일원적으로 통합 조정되어 간다는 점을 감안하여 방위성·자위대에서는 스스로의 사이버 안보 레벨을 높이면서 관계부처, 중요 인프라 사업자 및 방위산업과의 공조 강화에 기여하는 대응을 추진해 나가기로 한다. 전자파 영역에 관해서는 육·해·공, 우주, 사이버 영역에 이르기까지 활용 범위나 용도가 확대되어 현재 전투양상에 있어 공방의 최전선이 되고 있다. 따라서 전자파 영역에서의 우세를 확보하는 것은 억지력의 강화나 영역횡단작전의 실현을 위해 매우 중요하다. 민생용 주파수 이용과 자위대의 지휘통제나 정보수집활동 등을 위한 주파수 이용을 확립시켜, 자위대가 안정적이고 유연한 전파 이용을 확보할 수 있도록 관계부처와 긴밀히 공조한다.

마. 선진적 기술로 뒷받침되는 새로운 전투방식이 승패를 결정하는 시대에서, 첨단기술을 방위 목적으로 활용하는 것은 사활적으로 중요해지고 있다. 이 과정에서 종합적인 방위체제의 강화를 위한 범부처적인 체제하에 방위성·자위대의 필요를 감안하여, 정부 관계기관이 실시하고 있는 첨단기술의 연구·개발을 방위 목적으로 활용해 나간다.

바. 국민의 생명을 지키며 일본에 대한 침공에 대처하고, 또한 대규모 재해를 포함한 각종

사태에 대처하는 데 있어 국가의 행정기관, 지방공공단체, 공공기관, 민간사업자가 협력·연계하여 통합적으로 대응할 필요가 있다.

사. 해양국가인 일본에게 있어 해양의 질서를 강화하고, 항행·비행의 자유나 안전을 확보하는 것은 일본의 평화와 안전에 있어 매우 중요하다. 이를 위해, 방위성·자위대는 일본에서의 해양 안보 담당인 해상보안청과 긴밀히 협력·공조하며 동맹국·파트너국, 나아가 인도태평양 지역의 연안국과 함께 FOIP이라고 하는 비전하에서 해양안보에 관한 협력을 추진해 나가기로 한다. 또한, 해상교통로의 안정적 이용을 확보하기 위해, 관계기관과의 협력·공조하에 해적 대처나 일본 관계선박의 안전 확보에 필요한 대응을 해 나가며 지부티에서의 거점을 장기적·안정적으로 활용한다.

아. 자위대 및 주일미군이 평소부터 빈틈없고 효과적인 활동이 가능하도록 자위대 시설 및 미군시설 주변의 지방공공단체나 현지 주민의 이해 및 협력을 지금까지 이상으로 획득해 나간다. (이하 생략)

일본 정부는 2022년 12월 15일, 국가안보회의 및 각료결정에서 결정된 국가방위전략에 따라 2023~2027 5년간 자위대의 방위력 정비계획을 발표하였는바, 본 부록에서는 해당 계획 중 자위대 능력 등에 관한 주요 사업을 소개하여 자위대의 변화에 대한 이해를 돕고자 첨부하였습니다.

II. 방위력 정비계획(자위대 주요 사업)

1. 계획 방침(핵심 요약)

국가방위전략에 따라 우주, 사이버, 전자파를 포함한 모든 영역에서의 능력을 유기적으로 융합하고, 평시부터 유사까지의 모든 단계에서의 유연하고 전략적인 활동을 상시 가능하게 하는 다차원 통합방위력을 근본적으로 강화하며 2027년도까지 일본에 대한 침공이 생기는 경우에는 책임을 가지고 대처하며 동맹국 등의 지원을 받아 이를 저지·배제할 수 있도록 방위력을 강화한다.

가. 일본의 방위상 필요한 기능·능력으로서 우선 일본에 대한 침공 그 자체를 억지하기 위해 원거리로부터 침공 전력을 저지·배제할 수 있도록 '스탠드오프 방어능력'과 '통합방공 미사일 방어능력'을 강화한다. 또한, 수중, 해상, 공중 등 영역을 횡단하여 비대칭적 우세를 확보하기 위해 무인 장비 방어능력, 영역횡단 작전능력, 지휘통제·정보 관련 기능을 강화하며 기동 전개능력·국민보호, 지속성·강인성을 강화하며 방위생산·기술기반에 더하여 방위력을 유지하는 인적기반 등도 중시한다.

나. 새로운 장비품 도입과 기존 장비품의 연명 등을 조합함으로써 필요 충분한 질·양의 방위력을 확보한다. 또한, 연구·개발을 포함한 장비품의 라이프 사이클을 통한 프로젝트 관리 강화와 긴급성·중요성이 높은 사업에 관해서는 민생첨단기술 도입도 도모하면서 조기 장비화를 실현한다.

다. 인구 감소와 저출산 고령화에 따라 자위대의 정강성을 확보하고 방위력의 중핵을 이루는 자위대원의 인재확보와 능력·사기 향상 도모의 관점에서 채용 방안 강화, 예비자위관 등 활용, 여성 활약 추진, 자위관 정년연령 연장, 재임용 자위관을 포함한 다양하고 우수한 인재의 유효 활용, 생활·근무환경 개선, 인재 육성, 처우 향상, 재취직 지원 등 인적기반 강화와 관련한 각종 시책을 종합적으로 추진한다.

라. 일미 공동의 통합적 억지력을 한층 강화하기 위해 우주·사이버·전자파를 포함한 영역 횡단 작전과 관련한 협력 및 상호운용성 향상 등을 추진하는 동시에 일미 공동의 실효적 대처력을 강화하기 위해 일미 간 정보보전 및 사이버 보안 관련 방안 및 장비·기술협력을 강화하며 다각적, 다층적 방위협력·교류를 적극적으로 추진하기 위해 상호접근협정(RAA), 물품역무상호제공협정(ACSA), 정보보호협정 등 방위장비품·기술이전협정 등의 제도적 틀을 정비하는 동시에 공동훈련·연습, 방위장비·기술협력, 능력구축지원, 군종 간 교류를 포함한 방안 등을 추진한다.

2. 자위대 능력 등에 관한 주요 사업

1) 스탠드오프 방어 능력

일본을 침공해 오는 함정이나 상륙 부대 등에 대해 위협권 밖에서 대처하는 능력을 강화하기 위해 12식 지대함 유도탄 능력제고형(지상 발사형·함정발사형·항공기발사형), 도서 방위용 고속 활공탄 및 극초음속 유도탄의 개발·시험제작을 실시·지속함. 도서 방위용 고속 활공탄 및 극초음속 유도탄을 비롯하여 각종 유도탄의 장사정화를 실시한다. 방위력의 근본적 강화를 조기에 실현하기 위해 상기 스탠드오프 미사일의 양산탄을 취득하는 것 외에 미국산 토마호크를 비롯한 외국산 스탠드오프 미사일의 착실한 도입을 지속한다. 또한, 발사 플랫폼의 한층 다양화를 위한 연구·개발을 추진하는 동시에 스탠드오프 미사일의 운용 능력 향상을 목적으로 잠수함에 탑재 가능한 수직 미사일 발사 시스템(VLS), 수송기 탑재 시스템 등을 개발·정비한다.

스탠드오프 방어 능력의 실효성 확보를 위해 목표 정보의 한층 효과적인 수집을 실시하는 관점에서 소형 군집 위성을 활용한 화상정보 등의 취득이나 무인기(UAV), 목표 관측탄의 정비 등을 실시하여 정보수집·분석기능 및 지휘통제 기능을 강화한다. 이들 스탠드오프 미사일의 운용은 목표 정보의 수집과 각 부대에 대한 목표 할당을 포함한 일련의 지휘통제를 일원적으로 실시할 필요가 있는바, 통합 운용을 전제로 한 태세를 구축하며 스탠드오프 미사일 등을 보관하기 위한 화약고를 증설하는 동시에 사격장 이용 확보를 포함해 시험·정비 등에 필요한 시책을 착실하게 실시함으로써 스탠드오프 미사일의 개발·운용에 필요한 일련의 기능을 확보한다.

2) 통합 방공 미사일 방어 능력

극초음속 활공 무기(HGV) 등의 탐지·추적 능력을 강화하기 위해 고정식 경계관제레이더(FPS) 등의 정비 및 능력 향상, 차기 경계관제 레이더의 장치 교환·정비를 도모한다. 또한, 지대공 유도탄 패트리엇 시스템을 개·보수하고 신형 레이더(LTAMDS)를 도입함으로써 능력향상형 요격미사일(PAC-3MSE)의 극초음속 활공 무기(HGV) 등에 대한 대처 능력을 제고한다. 각종 사태에 보다 실효적으로 대응하기 위해 항공자위대의 고사(高射) 부대 편성 및 배치 재검토에 착수하는 동시에 중거리 지대공 유도탄 부대에 맞춘 중층적인 요역(要域) 방공체제를 구축하고 평소 전개 배치를 위한 부대 운용을 실시한다. 또한, 기지 방공용 지대공 유도탄의 능력 향상을 추진하며 활공 단계에서의 극초음속 활공무기(HGV) 등에 대한 대처를 실시할 수 있는 유도탄 시스템의 조사 및 연구를 실시한다.

HGV 등에 대처하는 능력을 강화하기 위해 03식 중거리 지대공 유도탄(개선형)의 능력 제고를 도모하고 탄도미사일 방어용 요격미사일(SM-3블록IIA), 능력제고형 요격미사일(PAC-3MSE), 장거리 함대공 미사일(SM-6) 등을 취득한다. 또한, 네트워크화를 통한 효과적이고 효율적인 대처 실현을 위해 호위함 등 간에 연계된 사격을 가능하게 하는 네트워크 시스템(FC 네트워크)을 취득하고, 공동 교전 능력(CEC)을 보유하며 지대공 유도탄 패트리엇 시스템의 정보조정장치(ICC)를 개·보수하여, 각종 유도탄 시스템을 네트워크로 연결·접속한다.

일본의 방공능력 강화를 위해 주로 탄도미사일 방어에 종사하는 이지스 시스템 탑재함의 정비와 고출력 레이저나 고출력 마이크로파(HPM) 등의 지향성 에너지 기술의 조합에 의해 소형 무인기(UAV) 등에 대한 비동적(non-kinetic) 수단에 의한 대처 능력을 조기에 정비한다. 또한, 일본에 대한 무력 공격이 발생하고 그 수단으로서 탄도미사일 등에 의한 공격이 행해진 경우 무력행사의 3요건에 근거하여 그러한 공격을 막는 데 부득이한 필요 최소한도의 자위조치로서 상대 영역에서 일본이 유효한 반격을 가하는 것을 가능하게 하는 스탠드오프 방어 능력 등을 활용한 자위대의 능력을 반격 능력으로 이용하며 이 '반격 능력'의 운용은 통합 운용을 전제로 한 일원적인 지휘통제하에서 실시한다.

3. 무인장비 방어 능력

인적 손실·소모를 국한하면서 임무를 수행하기 위해 기존 장비 체계·인원 배치를 재검토하면서 각종 무인 장비를 조기에 정비한다. 정비에 있어서는 안전성 확보와 효과적인 임무수행의 양립을 도모하며 빈틈없는 정보수집·경계감시·정찰·타겟팅(ISRT)을 실시하기 위해 해상감시에 필요한 체공(滯空)형 무인기(UAV) 및 함재형 무인 장비나 상대 위협권 내에서 목표정보를 지속적으로 수집할 수 있는 정찰용 무인기(UAV) 외에 용도에 따른 다양한 정보수집·경계감시·정찰·타겟팅(ISRT)용 무인 장비를 정비한다. 또한, 광역에 분산 전개한 부대, 멀리 떨어진 기지, 함정 등으로의 신속한 보급품 수송을 실시하기 위해 수송용 무인기(UAV) 도입에 대해 검토한 후 필요한 조치를 강구한다.

일본 침공을 저지·배제하기 위해 공중에서 인원·차량·함정 등을 수색·식별하여 신속하게 목표에 대처할 수 있도록 각종 공격 기능을 효과적으로 유지한 다용도/공격용 무인기(UAV) 및 소형 공격용 무인기(UAV)를 정비하며 함정과 연결·접속이 가능하고 효과적으로 각종 작전 운용이 가능한 무인 수상정(USV)를 개발·정비함. 또한 수중 우세를 획득하기 위한 각종 무인 잠수정(UUV)을 정비한다.

이 밖에 무인 차량(UGV)과 무인기(UAV)를 효과적으로 조합함으로써 주둔지·기지나 중요 시설의 정비 및 방호체제의 효율화를 도모함. 덧붙여 유인기와 무인기(UAV)의 연계를 강화하는 동시에 복수의 무인 장비를 동시에 운용하는 능력의 강화를 도모한다.

4. 영역횡단 작전 능력

1) 우주 영역에서의 능력

스탠드오프 미사일 운용을 비롯한 영역횡단작전 능력을 향상시키기 위해 우주 영역을 활용한 정보수집, 통신 등 각종 능력을 한층 향상시킨다. 구체적으로는 미국과의 공조를 강화하는 동시에 민간 위성의 이용을 비롯한 각종 대응으로 보완하면서 목표 정보의 탐지·추적 능력의 획득을 목적으로 한 소형 군집 위성을 구축한다. 또한, 위성을 활용한 극초음속 활공무기(HGV)의 탐지·추적 등 대처능력 향상에 대해 미국과의 공조 가능성을 감안하면서 필요한 기술의 실증을 실시한다. 아울러, 증대하는 위성통신의 수요에 대응하기 위해 종래의 X밴드 통신에 더해 보다 회복탄력성(抗堪性)이 높은 통신대역 복층화를 위한 노력을 추진한다.

우주 영역에 대한 대응으로서 상대방의 지휘통제·정보통신 등을 방해하는 능력을 강화하며 평소 우주 영역 파악(SDA)에 관한 능력을 강화하기 위해 2026년도에 발사 예정인 우주 영역 파악(SDA) 위성 정비와 더불어 복수기 운용에 대한 추가 검토를 포함한 각종 대응을 추진한다. 또한, 일본의 위성을 포함한 우주 시스템의 회복탄력성을 강화하기 위해 準천정 위성을 포함한 복수의 측위 신호 수신이나 민간 위성 등의 이용을 추진하면서 위성통신 회복탄력성 기술의 개발·실증에 착수한다.

해외 각국과의 협력 관련, 미국 등과 우주 영역 파악(SDA)에 관한 정보 공유를 추진하는 것 외에 높은 회복탄력성을 가진 통신파를 다자 간에 공동 사용하는 등의 공조 강화를 추진하며 우주 영역과 관련된 조직체제·인적기반을 강화하기 위해 우주항공연구개발기구(JAXA) 등의 관계기관이나 미국 등 관계국과의 교류를 통한 인재육성을 비롯한 연계 강화를 도모하는 한편, 관계부처 간에 축적된 우주 분야의 식견 등을 효과적으로 활용하는 구조를 구축하는 등 우주와 관련된 인재 확보에 힘쓴다.

2) 사이버 영역에서의 능력

정부 전체적으로 사이버 안보 분야의 정책이 일원적으로 종합 조정될 것을 감안하여 방위성·자위대에서는 자체 사이버 보안 수준을 높이면서 관계부처, 주요 인프라 사업자 및 방위산업과의 연계 강화에 기여하는 대응을 추진한다. 사이버 공격을 받고 있는 상황에서 지휘통제 능력 및 우선순위가 높은 장비품 시스템을 보전하고 자위대의 임무수행을 보증할 수 있는 태세를 확립하는 동시에 방위산업의 사이버 방위를 뒷받침할 수 있는 태세를 구축한다.

이를 위해, 최신의 사이버 위협을 고려하여 경계형 방호만으로 네트워크 내부를 안전하게 유지할 수 있다는 기존의 발상에서 벗어나 더 이상 안전한 네트워크는 존재하지 않는다는 전제하에 사이버 영역의 능력 강화 대책을 추진한다. 이때, '제로 트러스트' 개념에 기초한 보안기능의 도입을 검토하고 상시 지속적으로 리스크를 관리한다는 생각을 기초로 정보시스템 운용 개시 후에도 계속적으로 리스크를 분석·평가하여 적절히 관리하는 '리스크 관리 프레임워크(RMF)'를 도입한다. 장비품 시스템이나 시설 인프라 시스템의 방호태세를 강화하는 동시에 네트워크 내부에 위협이 이미 침입하고 있는 것도 상정해 해당 위협을 조기에 검출·탐지하는 기능을 강화한다. 또한 방위 관련 기업에 대해 사이버 보안 대책 강화를 뒷받침하기 위한 대응을 실시한다.

방위성·자위대의 사이버 보안 태세 강화를 위해 육상자위대 통신학교를 육상자위대 시스템통신·사이버학교로 개편하고 사이비요원을 육성하는 교육기반을 확충하는 동시에, 사이버 보안 능력을 향상하며 해당 공격에 이용되는 상대방의 사이버 공간 이용을 방해하는 능력의 구축과 관련된 노력을 강화한다. 이러한 대응을 위한 조직 전체적인 능력을 강화하기 위해 2027년도를 목표로 자위대 사이버 방위부대 등 사이버 관련 부대를 약 4,000명으로 확충하고 나아가 시스템 조달이나 유지 운영 등 사이버 관련 업무에 종사하는 대원에 대한 교육을 실시하여 사이버 요원을 약 2만 명 체제로 확충해 나간다.

3) 전자파 영역에서의 능력

자위대의 통신 방해나 레이더 방해 능력의 강화와 함께 전자파의 탐지·식별 능력의 강화나 전자파를 이용한 기만 수단을 획득하는 등 전자전 능력을 향상시키는 동시에, 레이저 등을 활용한 소형 무인기(UAV) 대처 등의 전자파 이용 방법을 확대하고 자위대가 사용하는 전자파의 이용 상황을 적절히 관리·조정하는 기능을 강화한다. 이를 위해, 통신·레이더용 기능을 가진 네트워크 전자전 시스템(NEWS)의 정비, 위협권 밖에서 통신 방해 등을 실시하는 스탠드오프 전자전기(電子戰機) 및 위협권 내에서 각종 전자방해를 실시하는 스탠드 인 재머(stand in jammer) 등의 개발, 전파 탐지 기재의 탑재에 의한 함정 및 고정익 초계기의 신호 탐지·식별능력 향상, 육상에서 레이더 방해를 실시하는 대공 전자전 장치의 정비를 실시한다. 또한, 고정익 초계기 등에 대한 전자방해 능력 부여에 대해 시험적으로 검증하고 필요한 조치를 강구하며 아울러, 소형 무인기(UAV)에 대처하는 차량 탑재형 레이저 장치의 운용을 개시하는 동시에, 고출력 레이저나 고출력 마이크로파(HPM) 등의 지향성 에너지 기술의 조기 장비화를 도모한다.

4) 육·해·공 영역에서의 능력

각 자위대에서 장비품 등의 취득 및 능력 향상 등을 가속화하고 영역횡단 작전의 기본이 되는 육·해·공 영역의 능력을 강화하며 선진적인 기술을 적극적으로 활용해 각 자위대의 장비품 등을 착실히 정비하는 동시에, 무인 장비와 연계하는 고도의 운용 능력을 강화한다.

5. 지휘통제·정보 관련 기능

1) 지휘통제 기능 강화

신속·확실한 지휘통제를 위해, 회복탄력성이 있는 통신, 시스템·네트워크 및 데이터 기반을 구축하고, 스탠드오프 방어 능력 및 통합 방공미사일 방위 능력을 비롯한 각종 능력을 통합적으로 운용하기 위해 실시간으로 지휘통제를 실시할 태세를 개략적으로 구성하는 동시에, 각 자위대의 일원적인 지휘를 가능하게 하는 지휘통제 능력에 관한 검토를 진행하여 필요한 조치를 강구한다. 이를 위해, 영역 횡단적인 정보공유 기능을 강화하면서 영역 횡단 작전의 공통기반으로서의 클라우드 정비, 자위대의 지휘통제 기능 및 관계부처 등과의 연결·접속 기능을 강화하는 중앙 지휘 시스템의 장비 교체, 육상자위대의 자율적 작전수행 능력을 강화하는 장래 지휘통제 시스템의 정비, 해상자위대의 의사결정 구조를 한층 고속화하는 지휘통제 시스템 장비 교체 및 위성의 회복탄력성 강화, 항공자위대 지휘통제 기능의 회복탄력성을 강화하는 자동 경계관제 시스템(JADGE) 장비 교체 및 지휘통제 시스템의 기동성·유연성 강화, 우주 관련 장비품 운용을 일원적으로 지휘통제하는 우주작전 지휘통제 시스템 정비 및 이들 정보를 공유하기 위해 필요한 방위정보 통신기반(DII) 강화를 실시한다.

2) 정보수집·분석 등 기능 강화

일본 주변의 군사 동향 등을 상시 지속적으로 정보를 수집해 처리, 분석, 공유 등을 실시하는 능력 및 태세를 근본적으로 강화함으로써 빈틈없는 정보수집·분석 체제를 구축하는 동시에, 정책 판단이나 부대 운용에 기여하는 정보를 신속히 제공할 수 있는 태세를 확립한다. 또한, 미군과의 정보공유 태세 및 무인 장비와 관련된 통합 운용 방식에 대해 검토하고 필요한 조치를 강구한다.

또한, 정보 기능의 핵심을 담당하는 정보본부를 중심으로 전파 정보, 화상 정보, 인적 정보, 공간(公刊) 정보 등의 기능별 능력을 강화하며 분석관 등의 육성 기반 확충이나 지리 공간 정보의 활용, 방위 주재관 제도의 내실화를 비롯한 정보수집·분석 등에 관한 체제를 강화한다. 특히, 정보수집 위성·민간 위성 등을 활용한 우주 영역에서의 정보수집 능력을 강화하며 미국과의 공조 강화나 민간위성 이용 등을 비롯한 각종 대응을 통해 보완하면서 목표 정보의 탐지·추미 능력 획득을 목적으로 한 소형 군집 위성을 구축한다. 또한, 목표의 근방에서 활동해, 효과적인 정보수집·경계감시·징찰·타겟팅(ISRT)의 실시에 불가결한 무인기(UAV) 등을 취득한다.

<u>3) 인지 영역을 포함한 정보전 등에 대한 대처</u>

국제사회에서 분쟁이 발생하지 않은 단계부터 허위정보나 전략적인 정보 발신 등을 이용해 타국의 여론·의사결정에 영향을 미치는 동시에 스스로 의사결정에 미치는 영향을 국한함으로써 자신에게 유리한 안보 환경 구축을 도모하는 정보전에 중점이 놓이고 있는 상황을 감안하여, 일본으로서 정보전에 확실히 대응할 수 있는 체제·태세를 구축한다.

정보전 대처의 핵심을 담당하는 정보본부의 정보수집·분석·발신에 관한 체제를 강화하며 각국의 동향에 관한 정보를 상시 수집·분석하는 것이 가능한 인공지능(AT)을 활용한 공개정보의 자동 수집·분석 기능의 정비, 각국에 의한 정보 발신의 진위를 판별하기 위한 SNS 정보 등을 자동 수집하는 기능의 정비, 정세 가늠에 관한 장래 예측 기능의 정비를 실시한다.

6. 기동 전개 능력·국민 보호

도서 지역 침공 저지에 필요한 부대 등을 남서 지역으로 신속하고 확실하게 수송하기 위해 수송선박(중형급 선박(LSV), 소형급 선박(LCU) 및 기동 주정(舟艇)), 수송기(C-2), 공중급유·수송기(KC-46A 등), 수송·다용도 헬리콥터(CH-47J/JA, UH-2) 등 각종 수송 자산의 취득을 추진한다. 또한, 해상수송력을 보완하기 위해 차량 및 컨테이너 대량 수송에 특화된 민간자금 등 활용사업(PFI) 선박을 확보한다.

자위대의 기동전개나 국민 보호의 실효성을 높이기 위해 평소 각종 자산 등의 운용을 적절히 실시할 수 있도록 정부 전체적으로 남서지역에 있어서 공항, 항만 등을 정비·강화하는 시책을 실시하는 동시에 기존의 공항·항만 등을 운용기반으로 사용하기 위해 필요한 조치를 강구한다. 또한, 자위대의 기동전개를 위한 민간 선박·항공기 이용 확대에 대해 관계기관 등과의 연계를 심화하며 해당 선박·항공기 외에 자위대의 각종 수송 자산도 이용한 국민 보호 조치를 계획적으로 실시할 수 있도록 조정·협력한다. 이때 무력공격 사태 등을 염두에 둔 국민 보호 훈련 강화, 국민 보호에도 대응할 수 있는 자위대 부대 강화, 예비자위관 활용 등 각종 시책을 추진한다.

7. 지속성·강인성

12식 지대함 유도탄 능력제고형 등 스탠드오프 미사일, 탄도미사일 방어용 요격 미사일(SM-3블록ⅡA), 능력제고형 요격 미사일(PAC-3MSE), 장거리 함대공 미사일(SM-6), 03식 중거리 지대공 유도탄(개선형) 능력 향상형 등 각종 탄약 및 유도탄, 공대공 유도탄 등의 항공기 탑재 탄약 및 유도탄 등에 대해 필요한 수량을 조기에 정비한다. 또한, 조기에 안정적으로 탄약 및 유도탄을 양산하기 위해 방위산업에 의한 국내 제조 태세 확충 등을 지원하며 유도탄의 유지 정비 체제의 강화를 도모한다.

자위대가 실시하는 작전에 필요한 연료 소요량을 확보하며 연료탱크의 정비 및 민간 연료 탱크의 차입과 식량·의복의 필요 수량을 확보한다. 또한, 방위장비품의 고도화·복잡화에 대응하면서 리드 타임을 고려한 부품비와 수리비 확보를 통해 부품 부족으로 인한 비가동을 해소하고 2027년도까지 장비품의 가동수를 최대화한다.

스탠드오프 미사일을 비롯한 각종 탄약 취득에 연동하여 필요한 화약고를 정비하고 화약고 확보에 있어서는 각 자위대의 효율적인 협동 운용, 미군 화약고 공동사용, 탄약의 회복탄력성 확보 차원에서 도서지역으로의 분산배치를 추구·촉진한다.

주요 사령부 등의 지하화·구조강화·전자펄스(EMP) 공격 대책, 전투기용 분산 패드, 경계(alert) 격납고의 엄체(掩体)화, 라이프라인 다중화 등을 실시하며 기지 경비기능을 강화하고 무인장비 등 새로운 장비품을 운용할 수 있는 시설을 정비한다. 기존 시설을 갱신할 때는 폭발물, 핵·생물·화학무기, 전자파, 게릴라 공격 등에 대한 방호 성능을 부여하고 시설의 기능·중요도에 따른 구조 강화, 이격거리 확보를 위한 재배치·집약화 등을 실시한다. 또한, 대규모 재해 시 자위대 재해 대책과 향후 기후변화에 대응하여 임무·역할을 수행해 나갈 수 있도록 기지 등의 시설 및 인프라의 강인화 등을 추진한다.

자위대 능력 등에 관한 주요 사업(정비 규모)

구분		주요 사업	정비 규모
주요 사업	(1) 스탠드오프 방어 능력	- 지대함 유도탄 능력제고형 (지상발사형/함정발사형/공중발사형) - 도서방어용 고속 활공탄 - 극초음속 유도탄 - 토마호크	지상발사형11개 중대 - - -
	(2) 통합 방공 미사일 방어 능력	- 03식 중거리 지대공 유도탄(개량형) 능력 제고 - 이지스 시스템 탑재함 - 조기 경계기(E-2D) - 탄도미사일 방어용 요격미사일 (SM-3block2A) - 능력제고형 요격미사일(PAC-3MSE) - 방공미사일 SM-6	14개 중대 2척 5대 - - -
	(3) 무인 장비 방어 능력	- UAV, USV, UGV, UUV	-
	(4) 영역 횡단 작전 능력	- 호위함 - 잠수함 - 초계함 - 고정익 초계기(P-1) - 전투기 F35-A - 전투기 F35-B - 전투기(F-15) 능력 제고 - 스탠드오프 전자전 항공기 - 네트워크 전자전 시스템(NEWS)	12척 5척 10척 19대 40대 25대 54대 1대 2식
	(5) 지휘통제·정보 관련 기능	- 전파정보수집기(RC-2)	3대
	(6) 기동 전개 능력 및 국민보호	- 수송용 선박 - 공중급유·수송기(KC-46A 등) - 수송기(C-2)	8척 13대 6대

중기(10년 후) 자위대의 주요 부대편성 계획(정수, 장비 등)

구분	부대편성			부대 규모
공동 부대	사이버방위부대 해상수송부대			1개 방위대 1개 수송군
육상 자위대	편성 정수/상비 자위관 정수			14만 9천 명
	기간 (基幹) 부대	작전기본부대		9개 사단 5개 여단 1개 기갑사단
		공정(空挺)부대 수륙기동부대 공중기동부대		1개 공정단 1개 수륙기동단 1개 헬기단
		스탠드오프 미사일부대		7개 지대함 미사일 연대
				2개 도서방어용 고속활공탄대대
				2개 장사정유도탄부대
		지대공유도탄부대		8개 고사(高射)특과군
		전자전부대(內 대공 전자전부대)		1개 전자작전대(1개 대공 전자전부대)
		무인기부대		1개 다용도 무인항공기부대
		정보전부대		1개 부대
해상 자위대	기간 (基幹) 부대	수상함정부대(內 호위함부대·소해함정부대) 잠수함부대 초계기부대(內 고정익초계기부대) 무인기부대 정보전부대		6개군(개대) 6개 잠수대 9개 항공대(4개대) 2개대 1개 부대
	주요 장비	호위함(內 이지스시스템탑재호위함) 이지스시스템탑재함 초계함 잠수함 작전용항공기		54척(內 10척) 2척 12척 22척 약 170대
항공 자위대	주요 부대	항공경계관제부대		4개 항공경계관제단 1개 경계항공단(3개 비행대)
		전투기부대 공중급유·수송부대 항공수송부대 지대공유도탄부대 우주영역전문부대 무인기부대 작전정보부대		13개 비행대 2개 비행대 3개 비행대 4개 고사군(24개 고사대) 1개대 1개 비행대 1개대
	주요 장비	작전용항공기(內 전투기)		43대(약 320대)

III. 방위장비 이전 3원칙 및 운용지침 개정

방위장비 이전 3원칙('14.4.1일 각의 결정, 이하 '3원칙'이라 함)에 근거하여 3원칙의 운용지침(이하 '운용지침'이라 함)을 다음과 같이 정한다.

(注) 용어의 정의는 3원칙에 의한 것 외, 6항의 내용으로 한다.

1. 방위장비 해외이전을 인정하는 안건

(1) 평화공헌·국제협력의 적극적인 추진에 기여하는 해외이전으로서 다음에 제시한 것이다. (평화공헌·국제협력의 관점에서 적극적인 의의가 있는 경우에 한함)

- 이전처가 외국 정부인 경우
- 이전처가 국제연합 또는 관련기관 및 유엔 결의를 근거로 활동을 실시하는 기관인 경우

(2) 일본의 안전보장에 기여하는 해외이전으로서 다음에 제시한 것이다. (일본의 안전보장의 관점에서 적극적인 의의가 있는 경우에 한함)

- 미국을 시작으로 일본과 안전보장 면에서 협력관계가 있는 국가들과의 국제공동 개발·생산에 관한 것
- 미국을 시작으로 일본과 안전보장 면에서 협력관계가 있는 각국과의 안전보장·방위협력 강화에 기여하는 해외이전으로서 다음에 제시한 것이다.
  - 물품·역무 상호제공협정(ACSA)에 의거한 물품 또는 역무의 제공을 포함한 방위장비의 해외이전
  - 미국과의 상호 기술교류의 일환으로서 무기기술 제공

- 미국에서 라이선스 생산품에 관한 부품 및 역무 제공, 미군에의 수리 등의 역무 제공
- 일본과 안전보장 면에서 협력관계가 있는 국가에 대한 구난, 수송, 경계, 감시 및 소해에 필요한 협력에 관한 방위장비의 해외 이전

- 자위대를 포함한 정부기관(이하 '자위대 등'이라 함)의 활동(자위대 등의 활동에 관한 외국 정부 또는 민간단체 등의 활동을 포함. 이하 동일) 또는 재외국민의 안전 확보를 위해 필요한 해외 이전에 있어서 다음에 제시한다.
  - 자위대의 활동에 관한, 장비품의 일시적인 수출, 구입한 장비품의 반송 및 기술정보의 제공(要수리품을 양품으로 교환하는 경우를 포함)
  - 공인 경호 및 공인의 자기보존을 위한 장비품의 수출
  - 위험지역에서 활동하는 재외국민의 자기보존을 위한 장비품의 수출

(3) 오송품의 반송, 반송을 전제로 한 견본품의 수출, 정부기관의 경찰관에 의해 지참된 장비품의 재수출 등, 일본의 안전보장상 관점에서 영향이 극히 작다고 판단되는 경우에 해외이전 한다.

2. 해외이전의 엄격심사 시점

개별 안건의 수출 허가에 있어서는 1에 제시한 방위장비품의 해외이전을 인정하는 조건에 대해서,

- 이전처 및 최종 수요자의 적절성
- 해당 방위장비의 해외 이전에 대해서 일본 안전보장상 미치는 우려의 정도의 2가지의 시점을 복합적으로 고려하여 이전의 가부를 엄격히 심사하는 것으로 한다.

구체적으로는 이전처의 적절성에 대해서는 이전국·지역이 국제적인 평화 및 안전과 일본의 안전보장에 어떠한 영향을 줄 것인지 등을 근거로 검토하고, 최종 수요자의 적절성에 대해서는 최종 수요자에 의한 방위장비의 사용상황 및 적정관리의 확실성 등을 고려하여 검토한다.

또한, 안전보장상 우려의 정도에 대해서는 이전될 방위장비의 성질, 기술적 機徵性(미묘성), 용도(목적), 수량, 형태(완성품 또는 부품인지, 화물 및 기술인지를 포함) 및 목적 외 사용 및 제3국 이전의 가능성 등을 고려하여 검토한다. 더욱이 최종적인 이전을 인정할 것인지 하

지 않을 것인지에 대해서는 상기에서 기술한 요소를 포함한 시점에서 종합적으로 판단하는 것으로 한다.

3. 적정관리의 확보

방위장비의 이전에 있어서는 해외이전 후의 적정한 관리를 확보하기 위해 원칙적으로 목적 외 사용 및 제3국 이전에 대해서 일본의 사전 동의를 상대국 정부에 의무화하는 것으로 함. 단, 다음에 제시한 경우에는 이전처의 관리체제 확인을 통해 적정한 관리를 확보하는 것도 가 능하다.

(1) 평화공헌·국제협력의 적극적 추진을 위해 적절하다고 판단되는 경우로서 다음의 어딘 가에 해당하는 경우

- 긴급성·인도성이 높은 경우
- 이전처가 국제연합 또는 관련기관 또는 유엔결의를 기초로 활동하는 기관인 경우
- 국제 입찰의 참가에 필요한 기술정보 및 시험품의 제공을 실시할 경우
- 금액이 소액 또는 소량으로 안전보장상의 우려가 작다고 생각되는 경우

(2) 부품 등을 상호 융통하는 국제적인 시스템에 참가하는 경우

(3) 부품 등을 라이선스처에 납품하는 경우

(4) 일본에서 이전하는 부품의 상대국에 공헌이 작다고 판단될 경우

(5) 자위대 등의 활동 및 재외국민의 안전 확보에 필요한 해외 이전인 경우

(6) 오송품의 반송, 반송을 전제로 한 견본품의 수출, 화물의 가(仮)양륙 등, 일본의 안전보 장상 관점에서 영향이 극히 작다고 판단될 경우, 이전처의 관리체제의 확보에 있어서는 합리 적인 것에 한해서는 정부 및 이전하는 방위장비의 관리에 책임을 가진 자의 서약서 등의 문서 에 의한 확인을 실시하는 것으로 한다. 그 외, 이전처의 방위장비의 관리 실태, 관리하는 조직 의 신뢰성, 이전처의 국가 및 지역의 수출관리제도 및 그 운용 실태 등에 대해서도 이전 시점 에 있어서 이용 가능한 정보를 근거로 확인하는 것으로 한다.

4. 심사에 있어서의 절차

(1) 국가안전보장회의에서의 심의

방위장비의 해외이전에 관하여 다음의 경우는 국가안전보장회의에서 심의하는 것으로 한다. ② 또는 ③에 해당하는 방위장비의 해외이전에 대해서 외환법에 의거한 경제 산업대신의 허가 가부를 판단하는 데 있어서는 해당 심의를 근거로 한다.

① 기본적인 방침에 대해서 검토할 때

② 이전을 인정하는 조건의 적용에 대해서 특히 신중한 검토할 때

③ 이전처의 적절성, 안전보장상의 우려 정도에 대해서 특히 신중한 검토를 필요로 할 때

④ 방위장비의 해외 이전 상황에 대해서 보고를 실시할 때

(2) 국가안전보장회의간사회의 심의 방위장비의 이전에 관하여 방위장비의 해외이전에 관하여 다음의 경우는 국가안전보장회의 간사회에서 심의하는 것으로 함. ②에 해당하는 방위장비의 해외 이전에 대해서 외환법에 의거한 경제산업대신의 허가 가부를 판단하는 데 있어서는 해당 심의를 근거로 한다.

① 기본적인 방침에 대해 검토할 때

② 동일 유형에 대해서 과거에 정부로서 해외 이전을 인정한다는 판단을 실시한 실적이 없을 때

③ 방위장비의 해외 이전 상황에 대해 보고를 실시할 때

(3) 관계성청 간의 연대

방위장비의 해외이전의 가부를 판단하는 데 있어 종합적인 판단이 필요하다는 것에 입각하여, 방위장비의 해외이전 조건에 관한 적정관리의 본연의 지세에 있어서 관계성청이 긴밀히 연대하여 대응하는 것으로 하고, 각 관계성청의 연락 창구는 다음으로 한다. 단, 개별 조건별 연락창구는 필요에 따라서 별도의 부국으로 할 수 있도록 한다.

① 내각관방 국가안전보장국

② 외무성 종합외무정책국 안전보장정책과

③ 경제산업성 무역경제협력국 무역관리부 안전보장무역관리과

④ 방위성 경리장비국 장비정책과

5. 정기적인 보고 및 정보의 공개

(1) 정기적인 보고

경제산업대신은 방위장비의 해외이전의 허가 상황에 있어 연차보고서를 작성하여 국가안전보장회의에 보고한 후 공표하는 것으로 한다.

(2) 정보의 공개

4항 (1)의 규정에 의해 국가안전보장회의에서 심의된 안건에 대해서는 해정기관의 보유한 정보의 공개에 관한 법률('09년 법률 제42호)을 근거로, 정부에서 정보를 공개하는 것으로 한다. 정보의 공개에 있어서는 종래 개별적으로 예외화 조치를 강구해 온 경우와 비교해서 투명성에 결여되는 일이 없도록 유의한다.

6. 기타

(1) 정의

'국제공동개발·생산'이란 일본 정부 또는 기업이 참가하는 국제공동개발(국제공동연구를 포함, 이하 동일) 또는 국제공동생산에 있어서 이하의 것을 포함한다.

① 일본 정부와 외국 정부 간 실시되는 국제공동개발

② 외국 정부에 의한 방위장비의 개발에의 일본 기업의 참여

③ 외국으로부터의 라이선스 생산에 있어 일본 기업이 외국기업과 공동으로 실시하는 것

④ 일본의 기술 및 외국으로부터의 기술을 이용하여 일본기업이 외국기업과 공동으로 실시하고 있는 생산

⑤ 부품 등 상호 융통하는 국제적인 시스템에의 참여

⑥ 국제공동개발 또는 국제공동생산의 실현 가능성의 조사를 위한 기술 정보 또는 시험품의 제공

(2) 지금까지의 무기수출 3원칙 등과의 정리

3원칙은 지금까지의 무기수출 3원칙 등을 정리하면서 새롭게 정한 원칙이기 때문에 향후 방위장비품의 해외이전에 있어서는 3원칙에 입각하여 외환법에 근거한 심사를 실시하는 것

으로 한다. 3원칙의 결정전에 무기수출 3원칙하에서 강구되어 온 예외화 조치에 대해서는 계속해서 3원칙하에서 해외이전을 인정하는 것으로 정리하여 심사를 실시하는 것으로 한다.

(3) 시행일시

이 운용지침은 '14.4.1일부터 시행함.

(4) 개정

3원칙은 외환법의 운용기준에 있는 것을 근거로 이 운용지침의 개정은 경제산업성이 내각관방, 외무성 및 방위성과 협의해서 안을 작성하여 국가안전보장회의에서 결성하는 것에 의해 이루어진다.

방위장비 이전 3원칙 · 운용지침 개정 내용(요약)

구분	주요 논점	주요 개정사항
1	3원칙 ※ 그 자체는 유지	• 국가안전보장전략을 바탕으로 개정 * 방위장비 이전 의의 추가, 안전보장환경인식 업데이트 등 • 운용지침은 안전보장 환경의 변화와 안전보장상의 필요성 등에 따라 개정한다는 내용을 명기
2	국제공동 개발 · 생산	• 파트너국이 완제품을 이전한 제3국에, 일본이 부품 및 기술을 직접 이전 가능하도록 개정 • 국제공동개발 · 생산에서 파트너국으로부터의 제3국 이전에 관한 사전동의 절차를 운용지침에 반영 * 유지 · 정비용 목적의 일본 부품 · 기술 이전 가능
3	라이센스 생산품 제공	• 미국 이외에도 라이센스 생산품(완제품 포함)을 라이센스 보유국에 제공 가능 • 단, 자위대법상 무기의 경우, 라이센스 보유국에서 추가 제3국 제공은 일본의 안전보장상 필요성을 고려, 특별한 사정이 없는 한 시행 * 무력분쟁의 일환으로서 실제 전투가 행해지고 있다고 판단되는 나라 제공은 제외
4	수리 등 역무	• 미군 이외의 안전보장 협력관계가 있는 국가에 대해서도 수리 등의 역무(서비스) 제공을 가능하도록 개정
5	부품 이전	• '부품'의 정의를 명확히 하고 안보협력 관계가 있는 국가에 대해서는 부품 이전 가능하도록 개정 * 완성품의 일부로서 내장되어 있는 것. 단, 그것만으로 장비품으로서의 기능을 발휘할 수 있는 것은 제외」
6	5유형	• 본래 업무(구난, 수송, 경계, 감시, 소해)나 자기 방호에 필요한 무기 탑재가 가능하도록 명확하게 개정
7	피침략국에 비무기 지원	• 침략 등을 받은 국가에 대해 자위법상의 무기에 해당하지 않는 장비품을 이전 가능하게 개정 * 우크라이나의 경우, 자위대법 제116조 3에 한정하지 않고 자위대법상 무기에 해당하지 않는 장비품은 이전 가능
8	엄격 심사	• 자위대법 상의 무기이전 및 제3국 이전 등 이전 유형의 다양화를 근거로 엄격한 심사 시점을 확충
9	심의 프로세스	• 자위대법 상의 무기 직접 이전 및 제3국 이전은 국가안전보장회의에서 심의 · 공표를 기본 * 처음 이전하는 국가는 모두 국가안전보장회의에서 심의, 2차 이후 동일무기를 이전하는 경우에도 신중한 검토가 필요할 경우 국가안전보장회의에서 심의

참고 문헌

1. 국내 문헌

· 권태환, 최근 일본의 안보정책 변화와 한일 안보협력, 한국국방외교협회, 2023.

· 김경민, 북핵·일본핵을 말한다, 가나북스, 2013

· 김성학, 2020 일본의 방위산업 GUIDE BOOK, 팩컴코리아, 2020.

· 김진기, 일본의 방위산업(전후의 발전궤적과 정책 결정), 아연출판사, 2012

· 김종하, 국방획득과 방위산업(이론과 실체), 북코리아, 2015.

· 김학준, 주일미군의 전략적 가치와 주일 해병대의 재편 동향, 한국국방외교협회, 2023.

· 로버트 D 캐플린(김용민·최난경 번역), 지리대전, 글항아리, 2021.

· 류재학, 일본 해상자위대, 과거의 영광 재현을 꿈꾸는가, 플레닛미디어, 2016.

· 류재학, 2024년 인도-태평양 해양안보 정세와 전망 : 일본, 한국해양전략연구소(제339호).

· 신각수, 홍석현 등 12명, 복합 대전환기, 한반도평화만들기, 2021.

· 이호철, 일본 관료사회의 실체, 삼성경제연구소, 1996.

· 이수훈, 동북아 공동의 미래를 생각한다, 선인사, 2013.

· 정호섭, 미일동맹 지휘구조 변화 : 한국이 주목해야할 두가지 사항, 국방대학교 국가안전보장문제연구 소, 2024.

· 정호섭, 미·중 패권경쟁과 해군력, 박영사, 2021.

· 조양현, 일본의 국가안보전략평가와 영향, 군사논단 통권 제119호, 2024.

· 존 톨런드(박병화·이두현 옮김), 일본제국 패망사, 글항아리, 2019.

· 진창수, 진창수의 일본 읽기, 세종연구소, 2022.

· 최은미, 새로운 질서 구축에 선봉에 서려는 일본, 아산정책연구원, 2023.

· 최은미, 한일관계 이제부턴 국내정치다, 세계일보, 2022.

· 피터 자이한(홍지수 번역), 각자 도생의 세계와 지정학, 김앤김북스, 2020.

· 하정렬, 일본의 전통과 군사사상(일본 자위대의 뿌리를 찾아서), 팔복원, 2004.

· 한다 시게루(조홍민 옮김), 일본은 전쟁을 원하는가(집단적 자위권과 전쟁국가의 귀환, 2015.

· 한국국방외교협회 정책보고서, 국제 방산협력 증대를 위한 무관운용 혁신방안 및 정책 제언, 2023.

· 한국국가전략연구소 정책토론회 결과보고서, 주변국 해양안보전략 동향 및 우리 군의 대응방향, 2020.

· 합동군사대학교 동북아군사연구센터, 일본 방위전략, 2022.

2. 국외 문헌

· 다케다 토시히로(武田 知弘), 대일본제국의 국가전략, 彩図社, 2015.

· 사쿠라바야시 무라(桜林 美佐), 무기수출만으로 방위산업은 지킬 수 없다. 並木書房, 2013.

· 스기야마 테츠무네(杉山 徹宗), 중국의 군사력 일본의 방위력, 상운사, 2013.

· 이노우에 코지(井上 浩二), 영역횡단 작전과 해상자위대, 세계의 함선(2023년 1월호), 2023.

· 이시노우 다카시(正上 高志), 해상자위대 이즈모급 항모화 계획 경위와 운용구상, 세계의 함선(2022년 3월호), 2022.

· 이시이 아오이(石井 曉), 자위대의 암조직(비밀 정보부대 별반의 정체), 講談社 現代新書, 2018.

· 이에누에 타카시(井上 孝司), 항모를 잘 이해하는 책, 히데와시스템, 2019.

· 일본 군사월간지,『2018년 ~ 2023년 군사연구(방산뉴스)』, 주)재팬 밀리, 2018 ~ 2022.

· 일본 방위백서,『2019년 ~ 2023년 방위백서』, 방위성, 2019 ~ 2023.

· 일본 방위장비청, 기술심포지엄 자료집, 2018.

· 일본 재무성, 일본의 경제·재정 운영과 개혁의 기본방침, 2023.

· 후쿠모토 이즈루(藤本 伊鶴), 자위대의 저출산 고령화 대책에 대한 고찰, 세계의 함선 (2022년 6월호), 2022.

· 타다 토모히코(多田 智彦), 항공모함으로 변신하는 미즈모와 카가, 군사연구(2019년 6월호), 2019.

· 일본 평화안전보장연구소 보고서, 일본의 새로운 국가안전보장전략 등에 관한 분석과 평가, 2022.12.

· MAMOR,『일본 방위성 협력 월간지』, FUSOSHA MOOK, 2022.

· JDF,『Japan Defence Focus』, 일본 방위성, 2022.

3. 기 타

· 일본의 국가방위전략(기본방침), 방위성 홈페이지(https://www.mod.go.jp). *부록 Ⅰ에 수록

· 일본 2023~2027 방위력 정비계획(자위대 주요사업), 2022.12.15. * 부록 Ⅱ에 수록

· 이재철, 미일 무기공급망 공유 신 밀월시대 열렸다. 매일경제 2024.7.23. 등 국내·외 언론기사 다수 참고

· 일본 방산업체 관련 현황 등 자료 : 야후 재팬 등 인터넷 활용 수집